KB069098

化書

이 책은 2016년 안동대학교공자학원 학술연구조성비 지원으로 번역 출판하였음.

안동대학교공자학원 학술총서(CIFY-2016-003)

化書

[五代] 譚　峭 著

李承模 譯

學古房

차례

02 술화術化 • 61

담초와 ≪화서≫

1. 담초

담초는 당唐 말 오대五代시기의 사람으로 추정하며 언제 어디에서 태어나고 죽었는지 분명하지 않다. 지금까지 밝혀진 것 중에 유일하게 담초의 일생을 기록하고 있는 책은 남당의 대신 심분沈汾이 쓴 ≪속선전續仙傳≫이다. 이 책에서 담초의 생애를 다음과 같이 기록하고 있다.

담초는 자字가 경승景升이며 국자사업國子司業 주洙의 아들이다. 그는 어릴 때부터 총명했으며 자라면서 경사를 두루 읽었다. 기억력이 뛰어나 물어보면 모르는 것이 없었으며, 글을 잘 쓰고 문장이 아름다웠다. 부친은 담초가 진사가 되기를 원했으나 담초는 그를 따르지 않았으며, 오히려 황로黃老, 제자諸子 및 ≪목천자전穆天子傳≫, ≪한무제내전漢武帝內傳≫, ≪모군열선내전茅君列仙內傳≫ 등의 책을 좋아했으며 깊이 연구하지 않은 것이 없었다. 어느 날 아침 담초는 부친께 작별인사를 올리고 종남산終南山으로 떠나려

했으며 부친은 남산南山 근처의 경도京都에서 그가 떠나는 것을 허락했다. 담초는 종남산終南山, 태백산太白山, 태행산太行山, 왕옥산王屋山, 숭산嵩山, 화산華山, 태산泰山 등을 거쳐 유명한 산을 두루 돌아다녔으며 집으로 돌아가지 않았다. 담초는 숭산에서 10여 년간 도사를 섬겨 벽곡辟穀, 양기養氣의 기술을 얻었다. 그는 오직 술을 낙으로 삼았고 항상 거하게 취해 있었으며, 이리저리 돌아다니지 않은 곳이 없었다. 여름에는 갓옷을 입고 겨울에는 홑적삼을 걸쳤다. 어떤 때는 비와 바람을 맞고 눈이나 서리를 맞으며 종일 누워있었다. 이 광경을 본 사람들이 이미 죽은 줄 알았지만 가서 보면 미세하게 숨을 쉬고 있었다. 부친은 항상 그를 그리워해 매년 어린 종을 보내 그를 찾았으며, 봄과 겨울에 반드시 옷가지와 돈을 부쳤다. 담초는 그것을 받고 잠시 기뻐했지만 급히 답신을 써 어린 종에게 주면서 그를 꾸짖어 돌려보냈다. 어린종이 돌아가면 부친이 보낸 옷을 들고 거리로 나가 가난한 사람을 보면 나누어 주었으며, 돈은 모두 술집에 맡기고 조금도 남기지 않았다. 사람들이 어째서 그러냐고 물으면 "어찌 좋아할 수 있겠습니까? 도적이 훔친 것은 반드시 사람을 힘들게 합니다. 입지 않고 먹지 않으면 근심이 없어집니다."라고 대답했다. 그는 항상 즐거워했으며 마치 미친 사람 같았다. 돌아다닐 때는 "도가 이어져 장강을 이루고 펼쳐져 하늘을 이루니 나막신 해동 가에 벗어둔다네. 봉래산 가는 길 복잡하지 않으니 담생의 지팡이 앞에 있다네."라고 흥얼거렸다. 담초는 이후 남산南山에서 살면서 연단鍊丹을 만들고 그것을 복용해 물에 들어가도 젖지 않고 불에 들어가도 타지 않았으며, 모습을 감추거나 변화시킬 수 있었다. 이후 다시 청성산靑城山으로 들어가 나오지 않았다.[1]

---

1) "譚峭, 字景升. 國子司業洙之子. 幼而聰明, 及長, 頗涉經史, 强記, 問無

이상의 기재에서 알 수 있듯이 담초는 매우 독특한 이력을 지닌 사상가이다. 그는 당나라의 관리집안에서 태어나 어릴 때부터 경사를 두루 읽었으나 오히려 황로 등의 도가경전을 좋아했다. 부친은 담초가 과거를 공부해 진사가 되기를 원했으나 담초는 그의 뜻을 따르지 않고 도를 닦아 신선이 되는 길을 나아갔다.

담초가 살았던 당 말기는 매우 혼란했다. 한편으로 지배계층의 부정과 부패가 심하게 이루어졌고 백성에 대한 억압과 착취가 광범위하게 진행되었다. 흉년이 계속되고 전염병이 잇따라 일어났다. 인성이 사라지고 도덕이 몰락했으며 눈에 보이는 것은 서로 속이고 갈등하고 다투는 모습이었다. 다른 한편으로 중

不知, 屬文淸麗麗. 洙訓以進士爲業, 而峭不然. 迥好黃老, 諸子及週穆, 漢武, 茅君列仙內傳, 靡不精究. 一旦, 告父出游終南山, 父以南山近京都, 許之. 自經終南, 太白, 太行, 王屋, 嵩, 華, 泰岳, 迤邐游歷名山, 不復歸. 宁父馳書責之, 復謝曰, 茅君昔爲人子, 亦辭父學仙, 今峭慕之, 冀其有益. 父母以其堅心求道, 豈以世事拘之, 乃聽其所從. 而峭師於嵩山道士十余年, 得辟穀養氣之術, 惟以酒爲樂, 常醉騰騰, 週游無所不之. 夏則服烏裘, 冬則綠布衫. 或臥於風雨雪霜中經日, 人爲已斃, 視之, 氣出怵怵然. 父常念之, 每遣家僮尋訪, 春冬必寄之衣及錢帛. 捧之且喜, 復書遽厚, 譴家童回. 才去, 便以父所寄衣出街, 路見貧寒者與之. 及寄於酒家, 一無所留. 人或問之何爲如此, 曰, 何能看得, 盗之所竊, 必累於人. 不衣不食, 固無憂矣. 常欣欣如也, 或謂風狂. 行吟曰, 線作长江扇作天, 靸鞋拋向海東邊, 蓬萊信道無多地, 只在譚生拄杖前. 而后居南岳練丹成, 服之, 入水不濡, 入火不灼, 亦能隱形變化." 复入靑城山而不出矣. (五代)沈汾 撰, 〈續仙傳〉, 《四庫全書》 子部.

앙집권체제가 무너지고 지방 세력이 힘을 키워 전쟁이 끊임없이 일어났다. 환관이 권력을 독점하고 붕당집단 사이의 파벌다툼이 극에 달했다. 아침에 권력을 장악한 사람이 저녁에 평민이 될 수도 있었고 어제 가무를 즐기던 사람이 오늘 형장에서 통곡할 수도 있었다. 풍전등화 같은 인생은 일반백성에게도 마찬가지였다. 전쟁과 기아의 공포, 지배계층의 억압과 착취 등 안팎으로 전개되는 위협으로 인해 백성은 내일을 생각할 수 없는 삶을 살았다.

바람 앞의 등불 같은 인생길에서 일반 사람이 선택할 수 있는 길은 매우 좁고 위험해졌다. 죽어라 공부해 관료가 되어 변태적으로 권력을 추구하거나 혹은 세상에 맞서 적극적으로 자신의 운명을 개척하는 것이었다. 이러한 좁은 인생길에서 담초가 선택한 길은 뒤의 길이었다. "나의 운명은 나에게 달려있는 것이지 하늘에 달려있는 것이 아니다."[2] 자신의 운명을 적극적으로 개척해야 한다는 도교의 사상은 도교경전에 깊이 빠져있던 담초에게 매우 큰 영향을 미쳤다. 그렇기 때문에 담초는 관료가 되기를 원했던 부모님의 뜻을 따르지 않고 집을 떠나 수신양생의 길로 나아갔다. 담초가 선택한 인생길은 주어진 운명을 받아들이고

---

2) "我命在我, 不在天." 王明, ≪抱朴子內篇校釋≫ '黃白'편, 中華書局, 1985년, 287쪽.

적절하게 처세하면서 살아가는 것이 아니라 적극적으로 인생을 개척하는 것이었다. 그가 과거에 급제해 관료가 되는 안정된 길을 선택하지 않고 도교 경전에 빠져들고 스스로 인생을 선택하는 길을 나선 것은 담초의 적극적인 인생관을 보여주는 것이다. 이러한 인생관은 세상을 보는 관점이나 사회를 보는 시각에서도 드러나며, 그가 쓴 ≪화서≫에서도 그대로 드러난다.

2. ≪화서≫

≪화서≫의 판본은 두 계열이 있다. 하나는 남당의 대신 송제구宋齊邱(885~958)가 썼다는 송간본宋刊本 계열이며, 다른 하나는 북송의 도교학자 진경원陳景元(1024~1094)이 고증하고 ≪도장道藏≫에 편입된 것으로 보는 계열이다. 이후 ≪화서≫는 원·명·청시기에 몇 차례 간행되었다. 지금까지 전해지는 ≪염읍지림鹽邑志林≫본, ≪보안당비급寶顔堂秘笈≫본, ≪용원총서榕園叢書≫본, ≪묵해금호墨海金壺≫본, ≪사고전서四庫全書≫본, ≪이십자전서二十子全書≫본의 ≪화서≫는 글자가 ≪도장≫본에 가깝기 때문에 모두 ≪도장≫본 계열이라 할 수 있다. 이외에 이름은 전해지나 유실된 판본이 많다. ≪도장≫본 계열의 판본 사이에도 글자가 일치하지 않은 경우가 많다. 1996년 중화서국에서 출간한 ≪화서≫단행본은 정정언丁禎彦, 이사진李

似珍이 위에서 말한 여러 판본 중에서 ≪도장≫계열의 ≪염읍지림≫본을 원본으로 하고 송·원시기의 판본을 참고해서 교정한 것이다.[3]

≪화서≫는 금나라 초기 왕철王喆(1112~1170)이 창시한 전진도全真道의 주요 경전이었으며, ≪음부경陰符經≫, ≪도덕경道德經≫, ≪문시경文始經≫, ≪남화경南華經≫, ≪충허경沖虛經≫과 함께 전진육경全真六經이라 불렀다. 이러한 사실을 통해 알 수 있듯이 ≪화서≫는 매우 중요한 도교 경전이다. 그러나 1960년대까지 중국에서 출판한 중국사상사, 중국철학사 관련 서적에서 거의 언급하지 않았으며, 1980년대에 이르러 비로소 소개하기 시작했다. 중국에서 담초와 ≪화서≫에 대한 연구는 1996년 북경 중화서국에서 ≪화서≫를 단행본으로 엮어 출판하면서 본격적으로 시작되었다. 그러나 지금까지 ≪화서≫에 대한 연구는 활발하게 이루어지지 않고 있으며, ≪도덕경道德經≫, ≪회남자淮南子≫, ≪태평경太平經≫, ≪포박자抱朴子≫ 등의 다른 경전과 비교해서 사람들의 관심을 받지 못하고 있다.

우리나라에서 ≪화서≫는 조선시대까지 읽혀진 것으로 기록된다. 손인순의 저서인 ≪정조이산 어록≫을 보면, 정조의 어록을 엮은 책인 〈일득록日得錄〉에 정조가 "≪화서≫에 악한 짓

---

3) 譚峭撰, 丁禎彦, 李似珍点校, ≪化書≫, 中華書局, 1996년, 205쪽 참고.

을 하는 자가 남이 알까 두려워하여도 반드시 아는 사람이 있고 선한 행동을 하는 자가 남이 알아주기를 바라도 반드시 모르는 사람이 있다고 했으니 이는 담경승譚景升이 스스로 조화의 근원을 보았다고 생각하여 이 책을 지은 것이다."[4]라고 말한 내용이 있다. 한 나라의 군주가 읽은 책이라면 당시 지식사회에서 널리 읽혀진 책이라는 것을 짐작할 수 있다. 그러나 조선시대의 다른 문헌에서 ≪화서≫에 대한 기록을 찾아보기 어렵다.

현대에 우리나라에서 출간한 책을 살펴보면 조셉 니담 (Joseph Needham, 1900~1995)이 쓴 ≪중국의 과학과 문명≫에서 가장 먼저 ≪화서≫를 소개하고 있다. 니담은 이 책에서 "10세기의 ≪화서≫에는 실제로 당대 도가의 과학과 철학에 대한 비교적 많은 중요 자료가 포함되어 있다."[5]라고 말한다. 그 외에 우리나라에서 번역된 중국철학이나 도교관련 서적에서 간략하게 ≪화서≫를 소개하고 있다.[6]

≪화서≫는 〈도화道化〉, 〈술화術化〉, 〈덕화德化〉, 〈인화仁化〉,

---

4) 손인순 저, ≪정조이산 어록≫, 포럼, 2008년, 246쪽.
5) 조셉 니담 저, 이석호 등 역, ≪中國의 科學과 文明≫ Ⅰ권, 을유문화사, 1989년, 55쪽.
6) 가장 최근에 번역된 서적을 살펴보면, ≪중국 사회사상사 신편 Ⅰ≫(鄭抗生 지음, 동아대학교출판부, 2014년)에서 〈담초譚峭의 사회변천사상〉을 소개하고 있다. 이는 우리나라에서 번역 출판된 책 중에서 처음으로 담초에 관한 사상을 비교적 구체적으로 소개한 책이라 할 수 있다.

〈식화食化〉, 〈검화儉化〉의 6장 110절로 구성되었다. 각 장별로 이야기하는 내용이 다르지만 전체적으로 보면 하나의 논리적 전개과정을 보여준다. 그 전개과정을 살펴보면 1. 〈도화〉, 〈술화〉편, 2. 〈덕화〉, 〈인화〉편, 3. 〈식화〉, 〈검화〉편의 세 부분으로 나눌 수 있다. 전체 내용은 마치 서론, 본론, 결론의 형식을 갖춘 현대의 논문과 유사한 체계이다.

　≪화서≫의 저자 담초는 우주 만물의 근원이 인간과 사회의 근원이라 생각했으며, 그곳에서 인간과 사회를 안정시킬 수 있는 근거를 찾으려고 했다. 그래서 담초의 철학체계는 전체적으로 도⇒자연⇒인간⇒사회로 전개된다. 담초가 ≪화서≫의 마지막장 〈해혹〉편에서 "악한 행위를 하는 자가 세상을 어지럽히기 때문에 이 글을 썼다."7)라고 밝혔듯이 그가 ≪화서≫를 쓴 이유는 인간과 사회의 문제를 탐구하고 인간 사회가 오랫동안 안정될 수 있는 길을 찾기 위해서였다. ≪화서≫는 도교 경전이지만 단지 심신수양을 통해 장생을 추구하는 책이 아니라 사회 구성원 모두가 어울려 살 수 있는 길을 탐구한 책이다.

---

7) "惡行之者惑, 是故爲之文." ≪化書≫, 〈儉化〉 '解惑'편, 71쪽.

01

도화道化

道[1]之委[2]也, 虛[3]化神[4], 神化氣[5], 氣化形[6], 形生而
萬物所以塞也。道之用[7]也, 形化氣, 氣化神, 神化虛,
虛明而萬物所以通也。是以古聖人窮通塞之端, 得造
化之源, 忘形以養氣, 忘氣以養神, 忘神以養虛。虛實
相通, 是謂大同。故藏之爲元精[8], 用之爲萬靈[9], 含之
爲太一[10], 放之爲太清[11]。是以坎離消長[12]於一身, 風
雲發泄於七竅[13], 眞氣[14]薰蒸而時無寒暑, 純陽流注
而民無死生, 是謂神化之道者也。

1_도道: 도는 만물의 근원으로, 만물이 생성, 변화, 발전하는 힘이다.

2_위委: 생명의 기운인 도가 어떤 작용에 의해 드러난다는 의미이다.

3_허虛: 아무것도 존재하지 않는 텅 빈 상태를 의미한다.

4_신神: 만물을 생성하는 태초의 정신으로 도교에서는 원신元神이라고 한다.

5_기氣: 물질을 형성하는 태초의 기운으로 도교에서는 원기元氣라고 한다.

6_형形: 도가 움직여 개체 사물이 만들어진 결과물이다.

7_용用: 사물에 내재하는 도가 작용하도록 한다는 의미이다.

8_원정元精: 천지의 정기이다. 한대 왕충은 "하늘이 원기를 부여하고, 사
　람이 원정을 본받는다天稟元氣, 人受元精."(≪論衡 · 超奇≫)라고 했다.

9_령靈: 만물의 영기, 신령한 기운을 의미한다.

10_태일太一: 우주만물의 본원이며, 도교에서 말하는 도이다.

11_태청太淸: 가장 맑은 기운으로, 고대인은 하늘이 깨끗하고 가벼운 기로

구성되었다고 생각했기 때문에 태청이라고 불렀다.

12_소장消長: 쇠하여 줄어 감과 성하여 늘어 감.

13_칠규七竅: 두 눈, 두 귀, 두 코, 입.

14_진기眞氣: 사람이 지니고 있는 가장 근원적인 힘, 생명 활동의 원동력.

도가 움직이면 태허의 세계에서 원신이 나타나고, 원신에서 원기가 나타고, 원기에서 형체가 나타나며, 형체가 나타나면서 만물이 막힌다. 도가 작용하면 형체가 원기로 변하고, 원기가 원신으로 변하고, 원신이 태허의 세계로 돌아가며, 태허의 세계는 맑아 만물이 통한다. 그러므로 옛 성인은 만물이 통하고 막히는 원인을 탐구해 만물이 생겨나고 변화하는 근원을 알고, 이러한 앎에 의거해 자신의 형체를 잊고 원기를 길렀으며, 원기를 잊고 원신을 길렀으며, 원신을 잊고 태허의 세계를 길렀다. 태허의 세계와 실재의 세계가 통하는 경지를 대동의 경지라 한다. 도가 몸속에 감추어져 있으면 원정의 형태로 존재하고, 몸 밖에서 작용하면 만물의 영기가 되며, 몸 안으로 머금으면 태일이 되고, 몸 밖으로 내보내면 태청이 된다. 음양의 기운이 몸에서 늘었다 줄었다 하고, 바람과 구름이 눈, 코, 입에서 배출되고, 진기가 몸을 따뜻하게 해 언제나 추위와 더위의 영향을 받지 않으며, 순수한 양기가 몸에 들어와 사람은 죽음과 삶이 없어지니 이것이 바로 신묘한 변화의 도이다.

蛇雀

蛇化爲龜, 雀化爲蛤。彼忽然忘[1], 曲屈之狀[2], 而得
蹣跚之質[3], 此倏然失飛鳴之態, 而得介甲之體。斫削[4]
不能加其功, 繩尺不能定其象, 何化之速也[5]。且夫當
空團塊[6], 見塊而不見空, 粉塊求空, 見空而不見塊。
形無妨而人自妨之, 物無滯而人自滯之, 悲哉。

1_망忘: 잊다. 버리다.

2_곡굴지상曲屈之狀: 구불구불한 형상.

3_만산지질蹣跚之質: 어기적거리는 성질.

4_작삭斫削: 베고 자르다.

5_"도끼로 자르고 칼로 깎더라고 기능을 더할 수 없고 먹줄로 재더라도
형상을 규정할 수 없이 그 변화가 매우 빠르다." 도의 전개과정에서
보면 형체는 원신에서 변화되어 나타나는 것이며 그 어떤 역량도 이러
한 변화에 간섭하지 못한다. 그러므로 도끼와 칼의 역량, 먹줄과 자의
속박과 같은 인위적인 작용은 도의 변화과정에 그 어떤 영향도 미칠
수 없다는 의미이다.

6_공단괴空團塊: 속이 텅 비어있는 덩어리.

뱀과 참새

　뱀이 자라로 변하고 참새가 조개로 변하면 뱀은 홀연 구불구불한 모습을 버리고 어기적거리는 형체를 얻으며, 참새는 갑자기 날고 지저귀는 모습을 버리고 딱딱한 껍질의 형체를 얻는다. 도끼로 자르고 칼로 깎더라고 기능을 더할 수 없고 먹줄로 재더라도 형상을 규정할 수 없이 그 변화가 매우 빠르다. 무릇 비어있는 덩어리는 단지 덩어리를 볼 수 있을 뿐 비어있는 상태를 보지 못한다. 덩어리를 부수어 비어있는 상태를 보려 하면 비어있는 상태를 볼 수 있지만 덩어리를 볼 수 없다. 형체는 비어있는 존재를 방해하지 않지만 사람 스스로 그것을 방해하고 있으며 물체는 막힘이 없는데 사람 스스로 그것을 막고 있으니 얼마나 슬픈 일인가!

老楓

老楓化爲羽人[1], 朽麥化爲蝴蝶, 自無情[2] 而之有情也。賢女化爲貞石, 山蚯化爲百合, 自有情而之無情也。是故土木金石, 皆有情性[3]精[4]魄[5]。虛無所不至, 神無所不通, 氣無所不同, 形無所不類。孰爲彼, 孰爲我。孰爲有識, 孰爲無識。萬物, 一物也, 萬神, 一神也, 斯道之至矣。

1_우인羽人: 동한東漢시기의 그림에 자주 보이는 것으로 몸에 깃털이 나 있고 날아다니는 신선의 형상을 한 사람을 가리킨다.

2_정情: 사물에 접해 느끼는 마음으로 감정을 말하는 듯하다.

3_성性: 사람의 타고난 본성을 의미한다. 유가에서 '성'은 도덕적 본성이 라는 의미가 강하지만 도가와 도교에서 '성'은 생명의 본래 상태를 가 리킨다.

4_정精: 생명의 근원, 음양의 기운 등 여러 의미가 있으나 여기서는 참된 마음으로 이해해야 할 것 같다.

5_백魄: 사람의 몸에 남아 있는 탁한 영혼.

오래된 단풍나무

오래된 단풍나무가 신선으로 변하고 썩은 밀이 나비로 변하면 정감이 없는 것에서 정감이 있는 것으로 변하는 것이다. 어진 여인이 돌덩이로 변하고 지렁이가 백합으로 변하면 정감이 있는 것에서 정감이 없는 것으로 변하는 것이다. 그러므로 흙, 나무, 쇠, 돌은 모두 감정, 본성, 마음, 영혼이 있다. 태허는 존재하지 않는 곳이 없고 원신은 통하지 않는 것이 없으며, 원기는 같지 않는 것이 없고 형체는 유사하지 않는 것이 없다. 무엇이 저것이고 무엇이 나인가? 무엇이 앎이 있는 것이고 무엇이 앎이 없는 것인가? 모든 사물은 하나의 사물이고 모든 정신은 하나의 정신이니 이것이 지극한 도이다.

耳目

目所不見, 設明鏡而見之, 耳所不聞, 設虛器[1]而聞之。精神在我, 視聽在彼[2]。跰趾[3]可以割, 陷吻[4]可以補, 則是耳目可以妄設, 形容可以僞置。既假又假, 既惑又惑。所以知, 魂魄[5]魅我, 血氣醉我, 七竅[6]囚我, 五根[7]役我。惟[8]神之有形, 由[9]形之有疣。苟無其疣, 何所不可。

1_허기虛器: 속이 텅 빈 기물.

2_보고 듣는 것을 결정하는 주체는 나이지만 볼 수 있고 들을 수 있는 것을 결정하는 주체는 내가 아니라 거울과 기물이다.

3_변지跰趾: 엄지발가락과 두 번째 발가락이 서로 붙은 기형.

4_함문陷吻: 양쪽으로 갈라진 입술, 언청이.

5_혼백魂魄: 혼魂은 양기에 속하는 것으로 형체를 떠나 존재하는 정신이며 백魄은 음기에 속하는 것을 형체에 의지해 존재하는 정신이다. 도교에서 사람의 혼백은 '3혼 7백'으로 구성되었다고 한다.

6_칠규七竅: 두 귀, 두 눈, 두 코, 입.

7_오근五根: 시각, 청각, 후각, 미각, 촉각의 다섯 가지 감각기능.

8_유惟: ~때문에, ~로 인해.

9_유由: ~때문에, ~로 말미암아.

귀와 눈

눈으로 볼 수 없는 것은 맑은 거울로 볼 수 있으며, 귀로 들을 수 없는 소리는 텅 빈 기물로 들을 수 있다. 보고 듣는 것을 결정하는 정신은 나에게 있고 보고 듣는 사물은 저기에 있다. 붙어있는 발가락은 나눌 수 있고 갈라진 입술은 붙일 수 있는 것은 귀와 눈으로 듣고 보는 것은 함부로 고칠 수 있고 형체의 모습은 거짓으로 꾸밀 수 있다는 것이다. 이렇게 계속해서 꾸미면 자신 또한 계속해서 미혹 된다. 그래서 알 수 있는 것은 형체에 속박된 혼백이 나를 미혹하고, 혈기가 나를 어지럽히고, 칠규가 나를 구속하며, 오근이 나를 부린다. 원신으로 인해 형체가 있고 형체로 인해 혹이 있다. 원신이 형체의 속박에서 벗어나는 것은 몸에 있는 혹을 떼는 것과 같은데 어찌 불가능하겠는가?

環舞

作環舞者宮室皆轉, 瞰迴流者頭目自旋。非宮室之幻惑[1]也, 而人自惑之, 非迴流之改變也, 而人自變之。是故粉巾爲兔, 藥石[2]爲馬, 而人不疑, 甘言巧笑, 圖臉畫眉, 而人不知。唯清靜者, 物不能欺。

1_환혹幻惑: 눈을 속여 사람의 마음을 어지럽게 함.
2_약석藥石: '약돌'의 정확한 의미를 찾을 수 없다. 그러므로 이 문장에서는 '큰 돌'로 해석했다.

회전 춤

빙빙 돌며 춤을 추면 궁실이 함께 돌며 소용돌이치는 물을 내려다보면 머리와 눈이 저절로 돌아간다. 궁실이 어지러움을 일으키게 하는 것이 아니라 사람 스스로 어지러움을 일으키는 것이며 소용돌이가 착각하게 하는 것이 아니라 사람 스스로 착각하는 것이다. 그러므로 멀리 있는 흰 수건이 토끼로 보이고 먼 산에 있는 큰 돌이 말로 보여도 사람들은 의심하지 않으며, 듣기 좋은 말과 가식적인 웃음, 분장한 얼굴과 칠한 눈썹을 사람들은 알지 못한다. 오직 마음이 깨끗한 사람이 사물에 미혹되지 않는다.

鉛丹

術有火鍊鉛丹以代穀食者, 其必然也。然歲豐則能飽, 歲儉則能飢, 是非丹之恩[1], 蓋由人之誠[2]也。則是我本不飢而自飢之, 丹本不飽而自飽之。飢者大妄, 飽者大幻, 蓋不齊其道也。故人能一有無, 一死生, 一情性[3], 一內外, 則可以蛻五行[4], 脫三光[5], 何患乎一日百食,何慮乎百日一食。

1_은惡: 단지은丹之恩은 그대로 해석하면 '단약의 은혜'이나 여기서는 '단약의 효능'으로 해석하는 것이 좋을 것 같다.

2_성誠: 순수한 마음, 진실한 마음.

3_정성情性: ≪설문해자設文解字≫에서 "성性은 사람의 양기陽氣이며 선한 본성이고, 정情은 사람의 음기陰氣이며 욕망이 있는 것이다."라고 말했다.

4_오행五行: 쇠, 나무, 물, 불, 흙을 가리킨다. 고대인은 이 다섯 가지 원소에 의해 만물이 생성, 변화한다고 생각했다.

5_삼광三光: 해, 달, 별.

연단

　도술에 연단을 정련해 곡식을 대신하는 것이 있는데 이것은 매우 당연한 일이다. 그렇지만 풍년에 연단을 먹으면 배가 부르고 흉년에 연단을 먹으면 배가 고픈 이유는 단약의 효능 때문이 아니라 사람의 마음 때문이다. 나는 본래 배고프지 않은데 스스로 배고프다 생각하는 것이며, 단약은 본래 먹어도 배부르지 않은데 스스로 배부르다 생각하는 것이다. 배고프다고 생각하는 사람은 언제나 배고프다는 망상에 빠져있고 배부르다고 생각하는 사람은 언제나 배부르다는 환상에 빠져있는데, 이것은 도에 부합하는 것이 아니다. 사람이 있는 것과 없는 것을 하나로 융합하고, 죽음과 삶을 하나로 융합하고, 음기와 양기를 하나로 융합하고, 안과 밖을 하나로 융합하면 오행의 구속에서 벗어날 수 있고 삼광의 의존에서 벗어날 수 있으니 어찌 하루에 백 끼를 먹지 못한다고 걱정하며 어찌 백일에 한 끼도 먹지 못한다고 근심하겠는가?

形影

以一鏡照形, 以餘鏡照影。鏡鏡相照, 影影相傳, 不變冠劍[1]之狀, 不奪黼黻[2]之色。是形也與影無殊[3], 是影也與形無異。乃知形以非實, 影以非虛, 無實無虛, 可與道俱。

1_관검冠劍: 고대 관원의 관모와 칼을 가리키는 것이며, 관직 혹은 관리를 의미하기도 한다.
2_보불黼黻: 고대인의 의복위에 새겨진 화려한 무늬.
3_주殊: 특별하다. 다르다.

형체와 그림자

하나의 거울로 자신의 모습을 비추고 다른 하나의 거울로 거울속의 그림자를 비춘다. 거울과 거울을 서로 비추면 그림자와 그림자는 차례로 전달되며, 그림자의 의복과 장신구의 모양이 변하지 않고 무늬의 색상 역시 떨어지지 않는다. 형체 또한 그림자와 다르지 않고 그림자 역시 형체와 차이가 없다. 그래서 알 수 있는 것은 형체도 실체가 아니고 그림자도 허구가 아니다. 실체도 아니고 허구도 아닌 것이 도의 본질에 부합하는 것이다.

蟄藏

物有善於蟄藏[1]者, 或可以禦大寒, 或可以去大飢, 或可以萬歲不死。以其心冥冥兮[2] 無所知, 神怡怡兮[3] 無所之[4], 氣熙熙[5] 無所爲。萬慮不能惑, 求死不可得。是以大人體物知身, 體身知神, 體神知眞, 是謂吉人之津。

1_칩장蟄藏: 땅속이나 어떤 공간에 들어가 나오지 않는 것을 말함.
2_명명혜冥冥兮: 아득한, 그윽한 모습.
3_이이혜怡怡兮: 즐거운, 상쾌한 모습.
4_지之: 나아가다. 추구하다.
5_희희熙熙: 평화로운, 온화한 모습.

칩장

　동물 중에 칩장을 잘하는 동물이 있는데 어떤 것은 추위를 막을 수 있고 어떤 것은 굶주림을 피할 수 있으며 어떤 것은 오랫동안 죽지 않을 수 있다. 칩장하는 동물은 마음이 그윽해 어떤 일에도 지각하지 않고, 정신이 상쾌해 어떤 것도 추구하지 않으며, 기운이 온화해 어떤 일도 하지 않는다. 이러한 상태에서는 어떤 생각에도 미혹되지 않으며 삶을 마감하려 해도 그럴 수 없게 된다. 그래서 대인은 동물의 칩장작용을 체득해 자신의 신체 능력을 깨닫고, 자신의 신체 능력을 체득해 자신의 정신작용을 알며, 자신의 정신작용을 체득해 진리를 알았으니 칩장은 사람을 상서로운 길로 인도하는 나룻배라 할 수 있다.

梟雞

梟夜明而晝昏, 雞晝明而夜昏, 其異同也如是。 或謂梟爲異, 則謂雞爲同, 或謂雞爲異, 則謂梟爲同。 孰梟雞之異晝夜乎。 晝夜之異梟雞乎。 孰晝夜之同梟雞乎。 梟雞之同晝夜乎[1]。 夫耳中磬[2], 我自聞, 目中花, 我自見。 我之晝夜, 彼之晝夜, 則是晝不得謂之明, 夜不得謂之昏。 能齊昏明者, 其唯大人乎。

1_"或謂梟爲異, 則謂雞爲同, 或謂雞爲異, 則謂梟爲同。 孰梟雞之異晝夜乎? 晝夜之異梟雞乎? 孰晝夜之同梟雞乎? 梟雞之同晝夜乎?" 이 문장을 그대로 해석하면 "혹 올빼미가 다르면 닭이 같고, 혹 닭이 다르면 올빼미가 같다. 누가 올빼미와 닭의 다름을 판단하는 것이 낮과 밤이라 했는가? 낮과 밤의 다름을 판단하는 것은 올빼미와 닭이 아닌가? 누가 낮과 밤의 같음을 판단하는 것이 올빼미와 닭이라고 했는가? 올빼미와 닭의 같음을 판단하는 것은 낮과 밤이 아닌가?"이다. 그러나 좀 더 쉽게 이해하기 위해 본문처럼 해석했다.

2_경磬: 경돌로 치는 소리.

올빼미와 닭

  올빼미는 밤에 잘보고 낮에 잘 보지 못하며 닭은 낮에 잘보고 밤에 잘 보지 못한다. 그들의 다른 점과 같은 점은 이와 같다. 혹 올빼미가 잘 보지 못하면 닭이 잘보고 혹 닭이 잘 보지 못하면 올빼미가 잘 본다. 누가 올빼미와 닭의 차이를 판단하는 것은 낮과 밤이라고 했는가? 낮과 밤의 차이를 판단하는 것이 올빼미와 닭이 아닌가? 누가 낮과 밤의 같음을 판단하는 것은 올빼미와 닭이라고 했는가? 올빼미와 닭의 같음을 판단하는 것이 낮과 밤이 아닌가? 무릇 귀로 듣는 소리는 나 스스로 듣는 것이며 눈으로 보는 꽃은 나 스스로 보는 것이다. 나의 낮과 밤, 타인이 낮과 밤은 낮이 밝다 할 수 없고 밤이 어둡다 할 수 없다. 어둡고 밝음을 함께 대할 수 있어야 대인이라 할 수 있다.

四鏡

小人[1]常有四鏡, 一名璧, 一名珠, 一名砥, 一名盂。璧視者大, 珠視者小, 砥視者正, 盂視者倒。觀彼之器, 察我之形, 由是無大小, 無短長, 無妍醜, 無美惡。所以知形氣[2]諂我, 精魄[3]賊我, 奸臣貴我, 禮樂尊我。是故心不得爲之君[4], 王不得爲之主。戒之如火, 防之如虎。純儉不可襲, 淸靜不可侮, 然後可以跡容廣而躋三五[5]。

1_소인小人: 여기에서 소인은 대인의 상대적인 의미가 아니라 나를 낮추어 부르는 말이다.
2_형기形氣: 형체와 혈기.
3_정백精魄: 형체에 구속된 육신.
4_군君: 다른 사람을 높여 부르는 말.
5_삼오三五: 고대의 삼황오제三皇五帝.

네 개의 거울

　나는 항상 네 개의 거울을 지니고 있다. 하나는 옥이고 하나는 진주이며 하나는 숫돌이고 하나는 사발이다. 옥은 크게 보이고 진주는 작게 보이며, 숫돌은 바르게 보이고 사발은 거꾸로 보인다. 그러한 기물을 보면서 나의 형체를 살피면 크고 작은 차이가 없고 길고 짧은 차이가 없으며, 아름답고 추한 차이가 없고 선하고 악한 차이가 없다. 그래서 알 수 있는 것은 형기가 나를 어지럽히고 정백이 나를 해치며, 간신이 나를 귀하게 하고 예악이 나를 높인다. 그러므로 마음은 자신의 마음이 될 수 없고 왕은 국가의 주인이 될 수 없다. 경계하는 것은 마치 불을 경계하는 것과 같아야 하며 방어하는 것은 마치 호랑이를 방어하는 것과 같아야 한다. 마음이 순수하고 검소하면 습격을 받지 않고, 깨끗하고 욕심이 없으면 모욕을 당하지 않으며, 그러한 이후에 행적이 널리 전해져 삼황오제와 같은 성인의 대열에 오를 수 있다.

射虎

射似虎者, 見虎而不見石, 斬暴蛟[1]者, 見蛟而不見水。是知萬物可以虛, 我身可以無。以我之無, 合彼之虛。自然可以隱可以顯, 可以死, 可以生而無所拘[2]。夫空中之尘若飛雪, 而目未嘗見, 穴中之蟻若牛鬪, 而耳未嘗聞, 況非見聞者手。

1_교蛟: 모양이 뱀과 같고 넓적한 네발이 있다는 상상의 동물로 교룡蛟龍이라고 함.

2_구拘: 구속하다. 제한하다.

호랑이 사냥

호랑이를 쏘는 사냥꾼은 호랑이만 보고 호랑이가 디디고 있는 돌을 보지 못하며, 교룡을 베는 무사는 교룡만 보고 교룡이 떠다니는 물을 보지 못한다. 이로써 알 수 있는 것은 만물은 허구일 수 있고 나의 몸은 존재하지 않는 것일 수 있다. 존재하지 않는 나의 몸과 허구인 사물을 하나로 융합하면 자연히 형체를 숨길수도 있고 드러낼 수도 있으며, 죽을 수도 있고 살 수도 있으며, 그 어떤 구속도 받지 않을 수 있다. 무릇 공기 중의 먼지가 흩날리는 눈과 같이 나부끼지만 눈으로 볼 수 없고 굴속의 개미가 소처럼 싸우지만 귀로 들을 수 없는데 하물며 우리가 볼 수 있고 들을 수 있는 것이 무엇이 있겠는가!

龍虎

龍化虎變, 可以蹈虛空, 虛空非無也, 可以貫¹金石, 金石非有也。有無相通, 物我相同。其生非始, 其死非終。知此道者, 形不可得斃², 神不可得逝³。

1_관貫: 꿰뚫다. 통과하다.
2_폐斃: 죽다. 없어지다.
3_서逝: 가다. 사라지다.

용과 호랑이

용과 호랑이가 변한 이후 허공을 거닐 수 있다면 허공은 존재하지 않는 것이 아니며, 금속과 돌을 통과할 수 있다면 금속과 돌은 존재하는 것이 아니다. 존재하는 것과 존재하지 않는 것은 서로 통하며 사물과 나는 서로 같다. 태어나는 것이 시작이 아니고 죽는 것이 끝이 아니다. 이러한 도리를 아는 자는 형체는 죽지 않고 정신은 사라지지 않는다.

游雲

游雲無質, 故五色舍¹焉, 明鏡無瑕, 故萬物象焉。
謂水之含天也, 必天之含²水也。夫百步之外, 鏡則見
人, 人不見影, 斯爲驗³也。是知太虛之中無所不有,
萬耀之內無所不見。而世人且知心仰寥廓⁴, 而不知
跡處虛空。寥廓無所間, 神明且不遠。是以君子常正
其心, 常儼其容, 則可以游泳於寥廓, 交友於神明而
無咎⁵也。

1_사舍: 집, 머무는 곳.

2_함含: 머금다. 품다.

3_험驗: 조사하다. 검증하다.

4_요곽寥廓: 아득하고 끝없는 세계이며, 여기에서는 태허의 세계를 말하는
  것 같다.

5_구咎: 재앙, 허물.

떠다니는 구름

떠다니는 구름은 성질이 없으므로 오색이 머무른다. 맑은 거울은 티가 없으므로 만물이 비친다. 물이 하늘을 머금으면 반드시 하늘이 물을 머금는다는 것이다. 백보 밖에서 거울은 사람을 비출 수 있지만 사람은 거울속의 영상을 보지 못하는 것은 검정된 일이다. 그래서 알 수 있는 것은 태허 가운데 존재하지 않는 것이 없으며 수많은 빛 속에 보이지 않는 것이 없다. 세상 사람은 마음으로 태허의 세계를 앙모할 줄 알지만 자기 몸에 허공의 종적이 있다는 것을 모른다. 태허는 어떤 곳에도 존재하고 있으며 신명 또한 멀리 있지 않다. 그러므로 군자는 항상 마음을 바르게 하고 항상 몸가짐을 조심하면 태허의 경지에서 노닐 수 있으며 신명과 교우해 재앙을 초래하지 않을 수 있다.

餼餟

有言臭腐之狀, 則輒[1]有所餼, 聞珍羞之名, 則妄[2]有
所餟。臭腐了然虛, 珍羞必然無, 而餼不能止, 餟不能
已。有懼菽醬若蜻蜻者, 有愛鮑魚若鳳膏者。知此理
者, 可以齊[3]奢儉, 外榮辱, 黜是非, 忘禍福。

1_첩輒: 문득, 갑자기.
2_망妄: 함부로. 멋대로. 마구.
3_제齊: 같게 하다. 함께 대하다.

구토와 군침

악취가 나고 썩은 상황을 말하면 바로 구토를 한다. 맛좋은 음식의 이름을 들으면 마구 군침을 흘린다. 악취가 나고 썩은 것은 분명 허위적인 것이며 맛있는 음식은 분명 없는 것이지만 사람은 여전히 구토와 군침을 멈추지 못한다. 어떤 사람은 된장을 굼벵이처럼 싫어하지만 어떤 사람은 전복을 봉황의 고기처럼 좋아한다. 이러한 도리를 아는 사람은 사치스럽고 소박한 것을 함께 대하며, 영욕을 멀리하고 시비를 제거하고 화복을 잊어버린다.

大化

虛化神, 神化氣, 氣化形, 形化精[1], 精化顧盼, 而顧
盼化揖讓[2], 揖讓化陞降, 陞降化尊卑, 尊卑化分別,
分別化冠冕, 冠冕化車輅[3], 車輅化宮室, 宮室化掖衛,
掖衛化燕享, 燕享化奢蕩, 奢蕩化聚斂, 聚斂化欺罔,
欺罔化刑戮, 刑戮化悖亂, 悖亂化甲兵, 甲兵化爭奪,
爭奪化敗亡。

1_정精: 송宋본과 원元본 『화서』에서 정情으로 되어 있다. 해석할 때는
  정情으로 해석하는 것이 문맥에 맞는 것 같다.
2_읍양揖讓: 손님과 주인이 만났을 때 갖추는 예의.
3_거로車輅: 고대의 제왕은 위엄을 드러내기 위해 옥玉, 금金, 상아象, 가
  죽革, 나무木로 만든 5등급의 거로제도를 만들었다.

큰 변화

태허의 세계에서 만물이 태동할 수 있는 원신이 나타나고 원신에서 생명의 원기가 나타난다. 생명의 원기에서 형체가 나타나고, 형체에서 감정이 나타난다. 감정이 나타나면서 주위에 대한 관심이 나타나고 주위에 대한 관심이 나타나면서 예절이 나타난다. 예절이 나타나면서 높고 낮은 구분이 나타나고, 높고 낮은 구분이 나타나면서 귀하고 천한 구분이 나타난다. 귀하고 천한 구분이 나타나면서 분별이 나타나고 분별이 나타나면서 신분계층이 나타난다. 신분계층이 나타나면서 제도가 나타나고, 제도가 나타나면서 궁실이 나타난다. 궁실이 나타나면서 궁실의 방위가 나타나고 방위가 나타나면서 연회가 나타난다. 연회가 나타나면서 사치와 방탕이 나타나고, 사치와 방탕이 나타나면서 착취가 나타난다. 착취가 나타나면서 속이는 일이 나타나고 속이는 일이 나타나면서 형벌이 나타난다. 형벌이 나타나면서 폭동이 일어나고, 폭동이 일어나면서 군대가 나타난다. 군대가 나타나면서 쟁탈이 일어나고, 쟁탈이 일어나면서 패망이 나타난다.

其來也勢不可遏, 其去也力不可拔。是以大人以道
德游泳[1]之, 以仁義漁獵[2]之, 以刑禮籠罩[3]之, 蓋保其
國家而護其富貴也。故道德有所不實, 仁義有所不至,
刑禮有所不足, 是教民爲奸詐, 使民爲淫邪, 化民爲
悖逆, 驅民爲盜賊。上昏昏然不知其弊, 下恍恍然不
知其病, 其何以救之哉。

1_유영游泳: 젖어들다. 빠지다.
2_어작漁獵: 추구하다.　　　　어작여색漁獵女色: 여색을 추구하다.
3_롱조籠罩: 뒤덮다. 덮어씌우다.

이렇게 변화해 오는 기세는 저지할 수 없으며 변화해 나가는 힘 역시 막을 수 없다. 그래서 대인은 도덕으로 그 기세를 가라앉히고, 인의로 그 기세를 저지하고, 형법과 예교로 그 기세를 뒤덮어 자신의 국가를 보호하고 부귀를 보호하려했다. 그러므로 도덕은 진실하지 않은 부분이 있고, 인의는 미치지 못하는 부분이 있으며, 형법과 예교는 부족한 부분이 있다. 이는 백성이 간사해지도록 가르치는 것이고, 백성이 사악해지도록 이끄는 것이며, 백성이 반란을 일으키도록 재촉하는 것이고, 백성이 도적이 되도록 몰아가는 것이다. 군주는 흐리멍덩해 그 폐단을 모르고 신하는 사리에 어두워 어디에 문제가 있는지 알지 못하니 어찌 문제를 해결할 수 있겠는가!

正一

世人皆知莧蓏[1]可以剖鼈, 而不知朱草[2]可以剖人[3]。
小人由是知, 神可以分, 氣可以泮, 形可以散。散而爲
萬, 不謂之有餘, 聚而爲一, 不謂之不足。若狂風飄發,
魂魄夢飛, 屑齒斷蚓, 首尾皆動。夫何故, 太虛, 一虛
也, 太神, 一神也, 太氣, 一氣也, 太形, 一形也。命之
則四, 根之則一。守之不得, 舍之不失, 是謂正一[4]。

1_현저莧蓏: 비름과에 속하는 수초.
2_주초朱草: 전설 속에 나오는 붉은색을 띠는 상서로운 풀.
3_"현저가 자라를 나눌 수 있고, 주초가 사람을 나눌 수 있다."는 말은
   "자라가 현저라는 독성이 있는 수초를 먹으면 환각을 일으켜 정신이
   나누어질 수 있으며, 사람이 주초라는 독성이 있는 풀을 먹으면 환각
   을 일으켜 정신이 나누어질 수 있다."는 의미인 것 같다.
4_정일正一: 순수한 하나. 도가는 '하나一'를 세계 만물의 근본으로 본다.

순수한 하나

세상 사람은 모두 현저가 자라의 정신을 나눌 수 있다는 것을 알지만 주초가 사람의 정신을 나눌 수 있다는 것을 모른다. 나는 이로써 정신은 나누어질 수 있고 원기는 사라질 수 있으며 형체는 흩어질 수 있다는 것을 알 수 있다. 정신, 원기, 형체는 흩어져 수없이 나누어지더라고 지나치다 할 수 없고 모여서 하나가 되더라도 부족하다 할 수 없다. 마치 광풍이 불어 긴 머리카락이 바람에 흩날리는 것과 같고, 혼백이 꿈속에서 날아다니는 것과 같으며, 나막신에 밟혀 잘라진 지렁이의 머리와 꼬리가 모두 움직이는 것과 같다. 무엇 때문인가? 태초의 허는 하나의 허이고, 태초의 정신은 하나의 정신이고, 태초의 원기는 하나의 원기이며, 태초의 형체는 하나의 형체이기 때문이다. 허, 정신, 원기, 형체의 이름은 네 가지 이지만 근원은 하나이다. 이러한 것은 지키려 해도 지킬 수 없고 버리려 해도 버릴 수 없으니 순수한 하나라 하는 것이다.

天地

天地盜太虛生, 人蟲盜天地生, 營虹[1]盜人蟲生。營虹者, 腸中之蟲也, 搏我精氣, 灼我魂魄, 盜我滋味, 而有其生。有以見我之必死, 所以知天之必穨。天其穨乎, 我將安有, 我其死乎, 營虹將安守。所謂奸臣盜國, 國破則家亡, 蛀蟲蝕木, 木盡則蟲死。是以大人錄[2]精氣, 藏魂魄, 薄[3]滋味, 禁嗜慾[4], 外富貴。雖天地老而我不傾, 營虹死而我長生, 奸臣去而國太平。

1_영정營虹: 기생충
2_록錄: 기록하다. 보존하다.
3_박薄: 가벼이 여기다. 업신여기다.
4_기욕嗜慾: 좋아하고 즐기려는 마음.

하늘과 땅

하늘과 땅은 태허에 의지해 생성되고 사람은 하늘과 땅에 의지해 태어나며 기생충은 사람에 의지해 생겨난다. 기생충은 사람의 배속에 있는 벌레이며, 나의 정기를 빼앗고 나의 혼백을 불태우며 내가 먹는 음식에 의지해 살아간다. 내가 반드시 죽는다는 사실을 보면 하늘이 반드시 기울어진다는 것을 알 수 있다. 하늘이 기울어지면 내가 온전할 수 있겠는가? 내가 죽으면 기생충은 온전할 수 있겠는가? 간신이 나라를 좀먹어 나라가 망가지고 가정이 파괴되는 것은 좀 벌레가 나무를 좀먹어 나무가 없어지고 결국 좀 벌레가 죽는 것과 같다. 그러므로 대인은 정기를 보존하고 혼백을 감추고, 맛좋은 음식을 추구하지 않고, 욕구를 억제하고, 부귀를 멀리했다. 비록 하늘과 땅이 기울어도 나는 위태하지 않고, 기생충이 죽어도 나는 오래 살 수 있으며, 간신이 죽어도 나라는 태평할 수 있다.

稚子

稚子弄影，不知爲影所弄，狂夫侮像，不知爲像所侮。化家者不知爲家所化，化國者不知爲國所化，化天下者不知爲天下所化。三皇[1]，有道者也，不知其道化爲五帝[2]之德。五帝，有德者也，不知其德化爲三王[3]之仁義。三王，有仁義者也，不知其仁義化爲秦漢之戰爭。醉者負醉，疥者療疥，其勢彌顚，其病彌篤，而無反者也。

1_삼황三皇: 중국 고대 전설에 나오는 세 임금을 가리킨다. 천황씨天皇氏, 지황씨地皇氏, 인황씨人皇氏 또는 수인씨燧人氏, 복희씨伏羲氏, 신농씨神農氏 또는 복희씨, 신농씨, 황제黃帝의 여러 설이 있다.

2_오제五帝: 중국 고대의 다섯 성군으로 황제黃帝, 전욱顓頊, 제곡帝嚳, 당요唐堯, 우순虞舜을 말한다.

3_삼왕三王: 중국 고대 하나라의 우왕, 상나라의 탕왕, 주나라의 무왕을 가리킨다.

어린아이

어린아이가 그림자를 가지고 놀 때 자기 또한 그림자에 의해 놀림 당하는 것을 알지 못하며, 어리석은 사람이 거울속의 영상을 업신여길 때 자기 또한 거울속의 영상에 의해 업신여김 당하는 것을 알지 못한다. 가정을 변화시키려는 사람은 자기 또한 가정에 의해 변화된다는 것을 모르며, 국가를 변화시키려는 사람은 자기 또한 국가에 의해 변화된다는 것을 모른다. 삼황은 도가 있는 사람들이었지만 그들의 도가 오제시대에 덕으로 변한다는 것을 알지 못했다. 오제는 덕이 있는 사람들이었지만 그들의 덕이 삼왕시대에 인의로 변한다는 것을 알지 못했다. 삼왕은 인의가 있는 사람들이었지만 그들의 인의가 진한시대에 전쟁으로 변한다는 것을 알지 못했다. 술에 취한 사람은 술에 빠져있고 옴이 있는 사람은 옴을 치료하기에 바쁘며, 술에 취한 사람은 더욱더 취하게 되고 병에 걸린 사람은 더욱더 위독해지니 이러한 현실을 바로잡으려는 사람이 없는 것이다.

陽燧

陽燧[1]召火, 方諸[2]召水, 感激之道, 斯不遠矣。高視者强, 低視者賊, 斜視者狡, 平視者仁, 張視者怒, 細視者佞, 遠視者智, 近視者拙, 外視者昏, 內視者明。是故載我者身, 用我者神, 用神合眞[3], 可以長存。

1_양수陽燧: 고대에 동으로 만든 오목거울로 햇빛을 모아 불을 일으키던 기구.

2_방제方諸: 밝은 달빛 아래에서 이슬을 담아내는 그릇.

3_진眞: 여기에서 '진'은 변함없는 '도'를 의미한다.

오목거울

  양수는 태양빛을 모으고 방제는 이슬을 모으는데 받아들이고 반응하는 도는 이러한 것과 유사하다. 높은 곳을 보는 자는 강건하고 낮은 곳을 보는 자는 사악하다. 곁눈질하는 자는 교활하고 똑바로 보는 자는 어질다. 눈을 크게 뜨고 보는 자는 쉽게 화내고 가늘게 뜨고 보는 자는 간사하다. 먼 곳을 보는 자는 지혜롭고 가까운 곳을 보는 자는 어리석다. 밖을 보는 자는 아둔하고 안을 보는 자는 명철하다. 나를 싣고 있는 것은 몸이고 나의 몸을 부리는 것은 정신이니 나의 정신을 이용해 도와 결합하면 오랫동안 살 수 있다.

死生

虛化神, 神化氣, 氣化血, 血化形, 形化嬰, 嬰化童, 童化少, 少化壯, 壯化老, 老化死。死復化爲虛, 虛復化爲神, 神復化爲氣, 氣復化爲物。化化不間[1], 由環[2]之無窮。夫萬物非慾生, 不得不生, 萬物非慾死, 不得不死。達[3]此理者虛而乳[4]之, 神可以不化, 形可以不生。

1_화화불간化化不間: 변화가 틈이 없이 끝없이 이루어진다는 의미이다.
2_유환由環: 지나갔다 돌아온다는 뜻으로 반복되는 순환을 의미한다.
3_달達: 통달하다. 깨닫다.
4_유乳: 낳다. 기르다.

죽음과 삶

태허에서 원신이 나타나고, 원신에서 원기가 나타나며, 원기에서 혈액이 나타나고, 혈액에서 형체가 나타난다. 형체가 영아가 되고 영아가 어린이가 되며, 어린이가 소년이 되고 소년이 장년이 되며, 장년이 노년이 되고 노년이 되면 죽는다. 죽으면 다시 태허로 돌아가며, 태허에서 다시 원신이 나타나고, 원신에서 다시 원기가 나타나며, 원기에서 다시 사물이 나타난다. 이러한 변화는 부단히 계속되며 순환과 반복이 끝이 없다. 무릇 만물은 스스로 생겨나려 하지 않으며 어쩔 수 없이 생겨난다. 만물은 스스로 죽으려 하지 않으며 어쩔 수 없이 죽게 된다. 이러한 도리를 알고 태허의 경지에 들어가 자기를 기르면 정신은 변하지 않을 수 있고 형체는 나타나지 않을 수 있다.

爪發

爪發[1]者, 我之形。何爪可割而無害, 發可截而無痛。蓋榮衛[2]所不至也。則是我本無害而筋骨爲之害, 我本無痛而血肉爲之痛。所以知, 喜怒非我作, 哀樂非我動, 我爲形所昧[3], 形爲我所愛。達此理者, 可以出生死之外。

1_조발爪發: 손톱과 머리카락.
2_영위榮衛: 원기를 왕성하게 해 피와 몸을 보호하는 기운.
3_매昧: 속이다. 숨기다.

손톱과 머리카락

손톱과 머리카락은 내 몸의 일부이다. 그런데 어째서 손톱을 깎아도 해가 없고 머리카락을 잘라도 아프지 아니한가? 그 원인은 혈액의 순환과 원기의 흐름이 여기에 도달하지 않기 때문이다. 나에게 본래 해롭지 않는 것이 나의 근육과 뼈에는 해가 되며, 나에게 본래 아프지 않는 것이 나의 피와 살에는 아픔이 된다. 그래서 알 수 있는 것은 기쁨과 노여움은 내가 만드는 것이 아니고 슬픔과 즐거움은 내가 일으키는 것이 아니며, 형체가 나를 속이고 내가 형체를 사랑하기 때문이다. 이러한 이치를 통달한 사람은 생사의 밖으로 벗어날 수 있다.

神道

太上[1]者, 虛無之神也, 天地者, 陰陽之神也, 人蟲者, 血肉之神也。其同者神, 其異者形。是故形不靈而氣靈, 語不靈而聲靈, 覺不靈而夢靈, 生不靈而死靈。水至清而結[2]冰不清, 神至明而結形不明。冰泮返清, 形散返明。能知眞死者, 可以游[3]太上之京[4]。

1_태상太上: 가장 높은 곳.
2_결結: 맺다. 완성하다.
3_유游: 이리저리 다니다. 유유자적하다.
4_경京: 높고 큰 언덕.

신묘한 도

태상은 허무의 정신이고, 천지는 음양의 정신이며, 사람은 혈육의 정신이다. 태상, 천지, 사람의 같은 부분은 정신이며 다른 부분은 형체이다. 그러므로 형체는 영험하지 않고 원기는 영험하며, 말은 영험하지 않고 소리는 영험하며, 지각은 영험하지 않고 꿈은 영험하며, 삶은 영험하지 않고 죽음은 영험하다. 물은 지극히 맑으나 얼음이 되면 맑지 않으며, 정신은 지극히 밝으나 형체가 되면 밝지 않다. 얼음은 녹아야 맑아지고 형체는 흩어져야 밝아진다. 진정한 죽음의 의미를 아는 자는 태상의 경지에서 노닐 수 있다.

神交

牝牡之道, 龜龜相顧, 神交也, 鶴鶴相唳, 氣交也。
蓋由情愛相接, 所以神氣可交也。是故大人大其道以
合天地, 廓其心以符至眞[1], 融其氣以生萬物, 和其神
以接[2]兆民[3]。我心熙熙[4], 民心怡怡[5]。心怡怡兮不知
其所思, 形惚惚兮不知其所爲。若一氣之和合, 若一
神之混同, 若一聲之哀樂, 若一形之窮通。安用旌旗,
安用金鼓, 安用賞罰, 安用行伍。斯可以將天下之兵,
滅天下之敵。是謂神交之道也。

1_지진至眞: 가장 진실한 경지
2_접接: 모이다. 화합하다.
3_조민兆民: 모든 사람.
4_희희熙熙: 화목하고 즐거운 모습.
5_이이怡怡: 편안하고 안락한 모습.

신묘한 교류

암컷과 수컷이 교류하는 방식은 자라와 자라가 서로 돌아보며 정신을 교류하고 백학과 백학이 서로 지저귀며 원기를 교류하는 것과 같다. 모두 애정이 서로 교차하기 때문에 정신과 원기가 교류하는 것이다. 그러므로 대인은 도를 키워 천지의 규율에 부합했고, 마음을 넓혀 태허의 경지에 부합했으며, 원기를 융합해 만물이 자라게 하고, 정신을 조화해 모든 백성과 화합했다. 내 마음이 즐거우면 백성의 마음이 편안해진다. 마음이 편안하면 생각하는 바를 알지 못하고 몸이 경쾌하면 하고 있는 바를 알지 못한다. 마치 수많은 기가 하나의 기로 융합한 것과 같고, 마치 수많이 정신이 하나의 정신으로 혼합한 것과 같고, 마치 수많은 슬픔과 즐거움의 소리가 하나의 소리로 어우러진 것과 같고, 마치 막히고 통하는 수많은 형체가 하나의 형체가 된 것과 같다. 어찌 깃발을 사용할 필요가 있고, 어찌 북을 사용할 필요가 있고, 어찌 상벌을 사용할 필요가 있으며, 어찌 군대를 사용할 필요가 있겠는가? 천하의 모든 것을 병사로 삼아 천하의 적을 소멸할 수 있으니 이를 일러 신묘한 교류의 도라 하는 것이다.

大含

虛化神, 神化氣, 氣化形, 形氣相乘而成聲。耳非聽
聲也, 而聲自投之, 谷非應響也, 而響自滿之。耳, 小
竅也, 谷, 大竅也。山澤, 小谷也, 天地, 大谷也。一竅
鳴, 萬竅皆鳴, 一谷聞, 萬谷皆聞。聲導氣, 氣導神,
神導虛, 虛含神, 神含氣, 氣含聲。聲氣形相導相含,
雖秋蚊之翾翾, 蒼蠅之營營, 無所不至也。由此知之,
雖絲毫之慮, 必有所察, 雖啾[1]嚓[2]之言, 必有所聞。唯
大人之機[3], 天地莫能見, 陰陽莫能知, 鬼神莫能窺。
夫何故, 道德仁義之所爲。

1_추啾: 웅얼거리는 소리나 아주 미세한 소리.
2_찰嚓: 사물이 서로 마찰했을 때 나는 작은 소리.
3_기機: 조짐, 실마리, 단서, 비밀 등의 의미가 있으며, 여기에서는 '계책'
　　으로 이해해야 할 것 같다.

크게 품다

태허의 세계에서 원신이 나타나고, 원신에서 원기가 나타나고, 원기에서 형체가 나타나며, 형체와 원기가 중첩되어 소리가 난다. 귀가 소리를 듣는 것이 아니라 소리가 스스로 귀속에 들어가는 것이다. 골짜기가 메아리를 치는 것이 아니라 메아리가 스스로 골짜기에 가득 차는 것이다. 귀는 작은 구멍이고 골짜기는 큰 구멍이다. 산과 강은 작은 골짜기이고 하늘과 땅은 큰 골짜기이다. 하나의 구멍에서 소리가 나면 수많은 구멍에서 소리가 나며, 하나의 골짜기에서 소리를 들으면 수많은 골짜기에서 소리를 듣게 된다. 소리가 원기를 이끌고 원기가 정신을 이끌며 정신은 태허를 이끈다. 태허는 정신을 품고 정신은 원기를 품으며 원기는 소리를 품는다. 소리, 원기, 형체는 서로 이끌고 서로 품으니 비록 모기가 앵앵거리는 소리와 파리가 잉잉거리는 소리라 할지라도 도달하지 않는 곳이 없다. 이로써 알 수 있는 것은 설령 아주 작은 계책이라 하더라도 반드시 사람들이 알아차리며, 설령 은밀한 말이라 하더라도 반드시 사람들이 듣는다. 오직 대인의 계책만이 천지가 예견할 수 없고 음양이 알

수 없으며 귀신이 엿볼 수 없다. 어찌 그런가? 그것은 바로 도덕
과 인의의 작용 때문이다.

02

술화術化

雲龍

雲龍風虎, 得神氣之道者也。神由母也, 氣由子也,
以神召氣, 以母召子, 孰敢不至也。夫蕩穢者, 必召五
帝[1]之氣, 苟召不至, 穢何以蕩。伏尫者, 必役五星[2]之
精, 苟役不至, 尫何以伏。小人由是知, 陰陽可以作[3],
風雲可以會, 山陵可以拔, 江海可以覆。然召之於外,
不如守之於內, 然後用之於外, 則無所不可。

1_오제五帝: 동서남북과 가운데의 다섯 천신을 가리킨다. 동쪽은 태호太
　　昊, 남쪽은 염제炎帝, 서쪽은 소호少昊, 북쪽은 전욱顓頊, 가운데는 황제
　　黃帝이다.
2_오성五星: 수성, 금성, 화성, 목성, 토성의 다섯 가지 별을 가리킨다.
3_작作: 부리다. ~하게 하다.

구름을 타는 용

　구름을 타는 용과 바람을 부리는 호랑이는 원신과 원기의 도를 얻었다. 원신은 어머니와 같고 원기는 아이와 같다. 원신으로 원기를 부르는 것은 어머니가 아이를 부르는 것과 같으니 어찌 감히 오지 않겠는가? 무릇 추악한 것을 제거하려면 반드시 오제의 원기를 불러야한다. 만약 불러오지 못하면 추악한 것을 어찌 제거할 수 있겠는가? 독을 감추고 있는 독사는 반드시 오성의 정기를 부린다. 만약 오성의 정기를 부리지 못하면 어찌 독을 감출 수 있겠는가? 소인이 이로써 알 수 있는 것은 음과 양은 부릴 수 있고 바람과 구름은 모을 수 있고 산과 구릉은 가릴 수 있으며 강과 바다는 덮을 수 있다. 그렇지만 이처럼 정기를 몸 밖에서 불러오는 것보다 몸 안에서 지키는 것이 더 좋으며, 그러한 이후에 필요할 때 몸 밖으로 사용하면 하지 못하는 것이 없다.

猛虎

猛虎行, 草木偃, 毒鴆¹怒, 土石揭。威之所爍², 氣之
所搏³, 頑嚚⁴爲之作。小人由是知, 鋏可使之飛, 山河
可使之移, 萬物可使之相随。夫神全則威大, 精全則氣
雄。萬惑⁵不能溺, 萬物可以役。是故一人所以能敵萬
人者, 非弓刀之技, 蓋威之至也, 一人所以能悅⁶萬人
者, 非言笑之惠⁷, 蓋和之至也。

1_독짐毒鴆: 중국 전설에 나오는 독을 지닌 새로 이 새의 깃털로 담근
　　술을 마시면 죽는다고 한다.
2_삭爍: 빛을 내다. 발산하다.
3_박搏: 뛰다. 고동치다. 두근거리다.
4_완은頑嚚: 어리석고 미련함.
5_만혹萬惑: 진리를 알지 못해 생겨나는 온갖 종류의 미혹.
6_열悅: 기뻐하다. 따르다.
7_혜惠: 순종하다. 따르다.

사나운 호랑이

맹호가 달리면 풀과 나무가 쓰러지고 짐새가 분노하면 흙과 돌이 들썩인다. 위세가 폭발하면 사나운 원기가 요동치고 어리석고 미련한 행위 또한 일어난다. 소인이 이로써 알 수 있는 것은, 무기가 난무하게 할 수 있고 산과 강이 움직이게 할 수 있으며 만물이 서로 따르게 할 수 있다. 무릇 정신이 완전해지면 위엄이 커지고 정기가 완전해지면 기운이 강해진다. 설령 수많은 미혹이 있더라도 빠져들지 않고 세상의 모든 것을 부릴 수 있게 된다. 그러므로 한 사람이 수많은 사람을 대적할 수 이유는 활과 칼을 사용하는 재주 때문이 아니라 위세가 그들에게 미쳤기 때문이며, 한 사람이 수많은 사람을 따르게 할 수 있는 이유는 말이 그들을 감동시켰기 때문이 아니라 온화함이 그들에게 미쳤기 때문이다.

用神

蟲[1]之無足, 蛇能屈曲[2], 蛭能掬蹙[3], 蝸牛能蓄縮[4]。
小人所以見其機[5], 由是得其師, 可以坐致萬里而不
馳。是故足行者有所不達, 翼飛者有所不至, 目視者
有所不見, 耳聽者有所不聞。夫何故? 彼知形而不知
神, 此知神而不知形。以形用神則亡, 以神用形則康。

1_충蟲: 모든 동물을 아울러 이르는 말.
2_굴곡屈曲: 이리저리 굽어 꺾이다.
3_국축掬蹙: 쭈그러지다. 오그라들다.
4_축축蓄縮: 물러서다. 움츠리다.
5_기機: 작용, 활동.

정신을 부림

동물이 발이 없으면 뱀은 구불구불하고 거머리는 오그리며 달팽이는 졸아든다. 소인은 그 기능을 보고 깨우침을 얻어 달리지 않고 앉아서 만 리에 이를 수 있다. 발로 걸어 다니면 도달하지 못하는 곳이 있고, 날개로 날아다니면 가지 못하는 곳이 있고, 눈으로 보면 보지 못하는 부분이 있으며, 귀로 들으면 듣지 못하는 것이 있다. 어찌 그런가? 그들은 단지 형체만 알고 정신을 모르며, 나는 정신을 알고 형체를 모르기 때문이다. 형체로 정신을 부리면 망하고 정신으로 형체를 부리면 평안해진다.

水竇

水竇[1]可以下溺, 杵糠[2]可以療噎。斯物也, 始製於人, 又復用於人。法本無祖, 術本無狀, 師之於心, 得之於象。陽爲陰所伏, 男爲女所制, 剛爲柔所剋, 智爲愚所得。以是用之, 則鐘鼓可使之啞, 車轂可使之鬪, 妻子可使之改易, 君臣可使之離合。萬物本虛, 萬法本無, 得虛無之竅[3]者, 知法術之要[4]乎。

1_수두水竇: 물이 흐르는 길, 수로水路.

2_저강杵糠: 곡물을 찧을 때 절구 방망이 끝에 묻어 있는 쌀겨, 약재로 쓰인다고 한다.

3_규竅: 일의 가장 중요한 부분. 관건. 요점. 요령. 비결.

4_요要: 핵심, 요점. 관건, 중요한 내용.

수로

　수로는 고인 물을 흘려보낼 수 있고 쌓겨는 식도염을 치료할 수 있다. 수로와 쌓겨는 사람이 만든 것이며 사람이 이용하는 것이다. 도를 사용하는 방법은 본래 시작이 없고 도를 사용하는 기술은 본래 일정한 형식이 없으며 사람의 마음에서 배우고 마음이 드러나는 상태에서 얻는 것이다. 양은 음에 의해 굴복당하고, 남자는 여자에 의해 통제되며, 강한 것은 부드러운 것에 의해 억제되고, 지혜로운 자는 어리석은 자에 의해 이용된다. 이러한 도리에 의거해서 도를 사용하는 방법과 기술을 이용하면 북소리가 멈추게 할 수도 있고, 수레바퀴가 서로 부딪치게 할 수도 있고, 아내와 자식이 변하게 할 수도 있으며, 군주와 신하의 사이가 멀게 할 수도 있고 가깝게 할 수도 있다. 모든 사물은 본래 공허하며 모든 법은 본래 없는 것이다. 허무의 요점을 깨달으면 도를 사용하는 방법과 기술의 관건을 알 수 있다.

魍魎

魍魎[1]附巫祭[2]言禍福事, 每來則飮食言語皆神, 每去則飮食言語皆人[3]。不知魍魎之附巫祭也, 不知巫祭之附魍魎也。小人由是知, 心可以交, 氣可以易, 神可以奪, 魄可以錄[4]。形爲神之宮, 神爲形之容。以是論之, 何所不可。

1_망량魍魎: 고대 전설에서 오랫동안 산 새, 짐승, 풀, 나무 등이 변한 신령을 말한다.
2_무제巫祭: 무당
3_신당에 가서 음식을 먹고 예언하는 것은 신령이지만 신령은 사람의 몸을 빌려 음식을 먹고 예언하기 때문에 사실상 사람이 음식을 먹고 예언하는 것이라는 의미이다.
4_록錄: 다스리다. 부리다.

신령

신령이 무당의 몸에 붙어 화복한 일을 예언할 때 매번 신당에 와서 음식을 먹고 예언하는 것은 모두 신령이지만 매번 신당에 가서 음식을 먹고 예언하는 것은 모두 사람이다. 신령이 무당의 몸에 붙었는지 아니면 무당이 신령의 몸에 붙었는지 모르겠다. 소인이 이로써 알 수 있는 것은 마음은 교류할 수 있고, 원기는 바꿀 수 있고, 정신은 빼앗을 수 있으며, 혼백은 부릴 수 있다. 형체는 정신이 머무르는 곳이며, 정신은 형체를 받아들이는 곳이다. 이러한 사실에 비추어보면 어찌 불가능한 것이 있겠는가?

虛無

鬼之神可以禦[1], 龍之變可以役[2], 蛇虺可以不能螫[3], 戈矛可以不能擊。唯無心[4]者火不能燒, 水不能溺, 兵刃不能加, 天命不能死。其何故? 志於樂者猶忘飢, 志於憂者猶忘痛, 志於虛無者可以忘生死。

1_어禦: 통괄하다. 관리하다. 다스리다.
2_역役: 부리다. 일을 시키다.
3_석螫: 벌레 등이 쏘다.
4_무심자無心者: 세속에 얽매이지 않은 사람.

허무

귀신의 정신은 다스릴 수 있고, 용의 변화는 부릴 수 있으며, 독사는 물리지 않을 수 있고, 창의 공격은 받지 않을 수 있다. 오직 마음이 없는 사람이 불에 타지 않고, 물에 빠지지 않고, 병기의 공격을 받지 않으며, 천명이 다되어도 죽지 않는다. 어찌 그런가? 진정으로 즐기는 자는 굶주림을 잊어버리고, 진정으로 근심하는 자는 고통을 잊어버리며, 진정으로 허무의 경지에 들어간 사람은 삶과 죽음을 잊을 수 있기 때문이다.

虛實

方咫[1]之木置於地之上, 使人蹈之而有餘。方尺[2]之木置於竿之端, 使人踞之而不足。非物有小大, 蓋心有虛實。是故冒大暑而撓者愈熱, 受灸灼[3]而懼者愈痛。人無常心, 物無常性。小人由是知, 水可使不濕, 火可使不燥。

1_지咫: 길이 단위, 1지는 8치寸이다.
2_척尺: 길이의 단위로 '자'라고 하며, 1치寸의 열 배로 약 30센티미터에 해당한다.
3_구작灸灼: 뜸을 뜨다.

허실

네모난 여덟 치의 판자를 땅위에 두고 사람에게 올라가 뛰게 하면 충분한 공간을 느끼지만 네모난 한 자의 판자를 장대 꼭대기에 두고 사람에게 앉게 하면 공간이 부족하다고 느낀다. 그 이유는 사물의 크고 작음 때문이 아니라 마음에 허실이 있기 때문이다. 무더운 날에 마음이 조급한 사람은 더욱 더위를 느끼며 뜸을 뜰 때 불을 두려워하는 사람은 더욱 고통을 느낀다. 사람은 일정한 마음이 없으며 사물 또한 일정한 성질이 없다. 소인은 이로써 물에 젖지 않을 수 있고 불에 타지 않을 수 있다는 것을 알 수 있다.

狐狸

狐狸之怪, 雀鼠之魅, 不能幻明鏡之鑑者, 明鏡無心之故也。 是以虛空無心而無所不知, 昊天無心萬象[1]自馳, 行師[2]無狀而敵不敢欺, 大人無慮而元精自歸, 能師於無[3]者, 無所不之。

1_만상萬象: 우주에 있는 온갖 사물과 현상.

2_행사行師: 군대를 움직이다.

3_무無: 허무의 도, 뒤섞여 구별이 없는 만물의 근원이 되는 도이다.

여우

　여우가 아무리 기이하고 날다람쥐가 아무리 신출귀몰하더라도 맑은 거울로 비추면 형체를 숨길 수 없는 이유는 맑은 거울은 마음이 없기 때문이다. 허공은 마음이 없기 때문에 알지 못하는 것이 없고 하늘은 마음이 없기 때문에 만물이 스스로 운행한다. 군대를 움직일 때는 형식이 없기 때문에 적군이 감히 업신여기지 못하며, 대인은 근심이 없기 때문에 생명의 정기가 저절로 체내로 돌아온다. 능히 없음에서 본받을 수 있는 자는 하지 못하는 일이 없다.

轉舟

轉萬斛[1]之舟者, 由一尋[2]之木, 發千鈞[3]之弩者, 由一寸[4]之機。一目可以觀大天, 一人可以君兆民。太虛茫茫而有涯, 太上浩浩而有象。得天地之綱, 知陰陽之房, 見精神之藏, 則數[5]可以奪, 命可以活, 天地可以反覆。

1_곡斛: 열 말의 용량.
2_심尋: 고대의 길이 단위로 8자尺는 1심尋과 같다.
3_균鈞: 고대의 무게 단위로 30근斤이 1균鈞과 같다.
4_촌寸: 치, 길이의 단위.
5_수數: 운명. 운수.

배를 움직임

큰 배를 움직이는 것은 8자의 나무이며, 무거운 석궁을 쏘는 것은 1치의 방아쇠이다. 한 눈으로 넓은 하늘을 볼 수 있으며, 한 사람이 모든 백성을 통치할 수 있다. 태허는 망망하지만 끝이 있으며, 태상은 아득하지만 형상이 있다. 만약 천지의 규율을 깨닫고, 음양이 머무는 곳을 알고, 정신이 숨어있는 곳을 보면 운명을 통제할 수 있고, 생명이 활기차게 할 수 있으며, 천지의 운행을 뒤바꿀 수 있다.

心變

至淫者化爲婦人, 至暴者化爲猛虎, 心之所變, 不得不變。是故樂者其形和, 喜者其形逸[1], 怒者其形剛, 憂者其形慼[2]。斯亦變化之道也。小人由是知, 顧[3]六尺之軀, 可以爲龍蛇, 可以爲金石, 可以爲艸木。大哉斯言。

1_일逸: 즐기다. 기뻐하다.
2_척慼: 근심하다. 슬퍼하다.
3_고顧: 정신을 집중하다. 주의하다. 고려하다. 돌보다.

마음의 변화

지극히 음탕한 사람이 부인으로 변하고 지극히 포악한 사람이 맹호로 변하면 마음이 변해 형체역시 변한 것이다. 그러므로 즐거워하는 사람은 형체가 온화해지고, 기뻐하는 사람은 형체가 편안해진다. 분노하는 사람은 형체가 억세어지며, 근심하는 사람은 형체가 처량해진다. 이것 또한 변화의 도이다. 소인이 이로써 알 수 있는 것은, 6척의 몸에 정신을 집중하면 용과 뱀으로 변할 수도 있고 금과 돌로 변할 수도 있으며 풀과 나무로 변할 수도 있다. 이것은 매우 가치 있는 말이다.

珠玉

悲則雨淚, 辛則雨涕, 憤則結癭, 怒則結疽。心之所慾, 氣之所屬, 無所不育。邪苟爲此, 正必爲彼[1]。是以大人節悲辛, 誠憤怒, 得灝氣[2]之門, 所以收其根, 知元神[3]之囊, 所以韜其光[4], 若蚌內守, 若石內藏, 所以爲珠玉之房。

1_사구위차邪苟爲此, 정필위피正必爲彼: 바르지 않는 기운이 몸에 해로운 무엇인가를 기르면 바른 기운은 반드시 그와 상반되는 몸에 이로운 무엇인가를 기른다는 의미이다.

2_호기灝氣: 천지사이에 가득한 맑은 기운.

3_원신元神: 만물을 생성하는 태초의 정신.

4_광光: 재능이나 명성.

진주와 옥

　슬프면 비 내리듯 눈물 흘리고 괴로우면 비 오듯 운다. 분노하면 혹이 나고 화내면 종기가 생긴다. 마음이 하고자하는 것이 있으면 그에 맞는 기운이 모여 마음이 원하는 것을 길러낸다. 바르지 않은 기운이 몸에 해로운 것을 기르면 바른 기운은 반드시 그와 상반되는 것을 기른다. 그러므로 대인은 슬퍼하고 괴로워하는 마음을 절제하고, 분노하고 화내는 마음을 경계하며, 맑은 기운이 드나드는 문을 깨달아 그 근원을 받아들이고, 원신의 소재를 알아 자신의 재능을 드러내지 않으니 마치 조개가 안을 지키고 옥돌이 안을 숨김으로 인해 진주와 옥이 머무르게 되는 것과 같다.

蠮螉

　　夫蠮螉[1]之蟲, 孕螟蛉[2]之子, 傳其情[3], 交其精[4], 混
其氣, 和其神。隨物大小, 俱得其眞[5]。蟲動無定情, 萬
物無定形。小人由是知馬可使之飛, 魚可使之馳, 土
木偶可使之有知, 嬰兒似乳母, 斯道不遠矣。

1_열옹蠮螉: 벌과에 속한 곤충으로 나나니를 가리킨다.
2_명령螟蛉: 빛깔이 푸른 나비와 나방의 애벌레.
3_정情: 감정을 의미하지만 본성을 의미하기도 한다. 여기에서는 '본성'
　의 의미로 쓰인 것 같다.
4_정精: 생명의 근원, 음양의 기운 등 여러 의미가 있으나 여기서는 참된
　마음으로 이해해야 할 것 같다.
5_진眞: 순수하고 변함없는 본질, 참된 모습.

나나니

나나니라는 곤충이 나방의 유충을 키우면서 본성을 물려주고, 마음을 교감하고, 원기를 썩고, 정신을 혼합했다. 설령 나나니와 나방 유충은 크기가 다르지만 모두 나나니의 진수를 얻는다. 유충은 정해진 본성이 없으며 만물 또한 정해진 형체가 없다. 소인이 이로서 알 수 있는 것은 말이 날게 할 수도 있고, 물고기가 달리게 할 수도 있다. 흙과 나무로 만든 인형이 지혜를 얻게 할 수도 있으며, 갓난아이가 유모와 같이 되게 할 수도 있다. 이러해야만 도의 본질에 가까운 것이다.

胡夫

胡[1]夫而越[2]婦, 其子髯面而矬足, 蠻[3]夫而羌[4]婦, 其子拗鼻而昂首。梨接桃而本强者其實毛, 梅接杏而本强者其實甘。以陰孕陽, 以柔孕剛, 以曲孕直, 以短孕長, 以大孕小, 以圓孕方, 以水孕火, 以丹孕黃。小人由是知可以爲金石, 可以爲珠玉, 可以爲異類, 可以爲怪狀, 造化之道也。

1_호胡: 춘추전국 시기 북방에 살던 민족.
2_월越: 춘추전국시기 장강長江유역에 살던 민족.
3_만蠻: 중국의 남쪽에 살던 민족.
4_강羌: 중국의 서쪽에 살던 민족.

호족 남자

호족 남자와 월족 여자가 결혼하면 그들의 아이는 얼굴에 수염이 덥수룩하고 발이 커다. 만족 남자와 강족 여자가 결혼하면 그들의 아이는 코가 매부리코이며 머리가 커다. 배나무를 복숭아나무에 접붙이면 근본이 강해져 과일에 복숭아털이 나고, 매화나무를 살구나무에 접붙이면 근본이 강해져 과일에 달콤한 맛이 난다. 음기가 양기를 품고, 부드러움이 강함을 품는다. 구부러진 것이 곧은 것을 품고, 짧은 것이 긴 것을 품는다. 큰 것이 작은 것을 품고, 둥근 것이 네모난 것을 품는다. 물이 불을 품고, 붉은빛이 누른빛을 품는다. 소인이 이로써 알 수 있는 것은, 사람은 금석으로 변할 수도 있고, 주옥으로 변할 수도 있으며, 다른 종으로 변할 수도 있고, 기이한 형체로 변할 수도 있다. 이것이 바로 조화의 도이다.

陰陽

陰陽相搏[1], 不根而生芝菌, 燥濕相育, 不母而生蟭螟。是故世人體陰陽而根之, 斆燥濕而母之, 無不濟者。小人由是知陶煉五行[2], 火之道也, 流行無窮, 水之道也, 八卦[3]環轉, 天地之道也, 神物乃生, 變化之道也。是以君子體物而知身, 體身而知道。夫大人之道幽且微, 則不知其孰是孰非。

1_박搏: 잡다. 가지다. 취하다.
2_오행五行: 금金, 수水, 목木, 화火, 토土의 다섯 가지 원소.
3_팔괘八卦: 건乾, 태兌, 이離, 진震, 손巽, 감坎, 간艮, 곤坤의 여덟 가지 괘.

음양

음양이 서로 포용해 뿌리가 없어도 버섯을 기를 수 있으며, 건조함과 습함이 서로 보살펴 어미가 없어도 굼벵이를 기를 수 있다. 그러므로 사람은 음양이 서로 포용하는 것을 체득해 뿌리로 삼고 건조함과 습함이 서로 보살피는 것을 본받아 어미로 삼으면 하지 못하는 것이 없다. 소인이 이로써 알 수 있는 것은, 오행을 단련하는 것은 불의 도이고, 오행이 끊임없이 유행하도록 하는 것은 물의 도이고, 팔괘가 계속해서 변하도록 하는 것은 천지의 도이며, 정신과 만물이 나타나는 것은 변화의 도이다. 그래서 군자는 사물의 변화를 체득해 신체의 운행 규율을 알고 신체의 운행규율을 체득해 도의 본성을 안다. 무릇 대인의 도는 그윽하고 오묘해 무엇이 옳고 무엇이 그른지 판단할 수 없다.

海魚

海魚有以蝦爲目者, 人皆笑之。殊不知古人以囊螢[1]
爲燈者, 又不知晝非日之光則不能馳, 夜非燭之明則
有所欺。 觀傀儡[2]之假而不自疑, 嗟明友之逝而不自
悲, 賢與愚莫知, 唯抱純白養太玄[3]者, 不入其機。

1_형螢: 개똥벌레
2_괴뢰傀儡: 사람의 말에 따라 움직이는 주체성 없는 사람을 비유함.
3_태현太玄: 지극히 오묘함.

바다의 물고기

바다의 물고기 중에 새우를 자기 눈으로 생각하는 물고기가 있는데 사람들은 모두 그것을 비웃는다. 그러나 옛날 사람이 개똥벌레를 담아 등불을 만들었다는 것을 모르며, 낮에 태양 빛이 없으면 다닐 수 없고 밤에 등빛이 없으면 기만당한다는 것을 모른다. 꼭두각시의 가식적인 모습을 보고도 조금도 의심하지 않고 친구의 죽음을 탄식하면서도 자신의 슬픔을 느끼지 못하니 어질고 어리석음은 알 수가 없다. 오직 순수함을 지키고 그윽한 세계를 기르는 자만이 기만당하지 않는다.

磵松

磵松所以能凌霜者, 藏正氣[1]也, 美玉所以能犯火者, 蓄至精[2]也。是以大人晝運靈旗, 夜錄[3]神芝[4], 覺所不覺, 思所不思, 可以冬禦風而不寒, 夏禦火而不熱。故君子藏正氣者, 可以遠鬼神, 伏姦佞, 蓄至精[5]者, 可以福生靈, 保富壽。夫何爲, 多少之故也。

1_정기正氣: 지극히 크고 바른 천지의 원기.
2_지정至精: 지극히 그윽하고 아름다운 생명의 근원.
3_록錄: 다스리다. 통괄하다.
4_신지神芝: 영지靈芝의 다른 말로 불로초과에 속한 버섯의 하나이다. 여기서는 영기靈氣와 같이 신령스러운 기운을 의미하는 듯하다.
5_영기靈旗: 신령스러운 깃발이며 영기靈氣와 같은 의미인 듯하다.

산골짜기 소나무

　산골짜기 소나무가 서리에 저항할 수 있는 이유는 소나무에 정기가 숨어있기 때문이며, 아름다운 옥이 불을 견딜 수 있는 이유는 옥에 지정이 축적되어 있기 때문이다. 그래서 대인은 낮에 영기를 지휘하고 밤에 신지를 다스려 지각하지만 지각하지 않고 사유하지만 사유하지 않으며, 겨울에 바람을 다스려 추위를 느끼지 않고 여름에 불을 다스려 더위를 느끼지 않는다. 그러므로 군자는 정기를 간직해 귀신을 멀리 할 수 있고 간사한 사람을 굴복시킬 수 있으며, 지정을 축적해 사람들에게 복을 줄 수 있고 부귀와 장수를 보장할 수 있다. 어찌 그런가? 정기와 지정이 많기 때문이다.

動靜

動靜相磨, 所以化火也, 燥濕相蒸, 所以化水也, 水火相勃, 所以化雲也, 蕩盎投井, 所以化霆也, 飲水雨日, 所以化虹霓也。小人由是知, 陰陽可以召, 五行可以役, 天地可以別構, 日月可以我作。有聞是言者, 必將以爲誕[1]。夫民之形也, 頭圓而足方, 上動而下靜, 五行運於內, 二曜[2]明於外。斯亦別構[3]之道也。

1_탄誕: 허망한 소리를 하다. 거짓말 하다.
2_요曜: 해, 달, 별을 가리키며, 여기에서는 반짝이는 두 눈을 가리킨다.
3_구構: 맺다. 구성하다.

움직임과 고요함

움직임과 고요함이 서로 마찰해 불이 일어나고, 건조함과 습함이 서로 경쟁해 물이 만들어지며, 물과 불이 서로 다투어 구름이 만들어진다. 뜨거운 물동이를 우물에 던지면 우박이 만들어지고, 물을 머금고 태양을 향해 뿜으면 무지개가 형성된다. 소인이 이로써 알 수 있는 것은, 음양은 부를 수 있고, 오행은 부릴 수 있고, 천지는 따로 구성할 수 있으며, 일월은 운행規율을 바꿀 수 있다. 어떤 사람이 이 말을 들으면 분명 황당한 말이라 생각할 것이다. 무릇 사람의 형체는 머리가 둥글고 발이 네모나며, 상체는 움직이고 하체는 움직이지 않으며, 오행이 체내에서 운행하고 두 눈이 밖에서 빛난다. 이것 역시 천지를 따로 구성하는 도이다.

聲氣

操琴瑟之音[1], 則脩然[2]而閑, 奏鄭衛之音[3], 則樂然而逸, 碎瓴甓[4]之音, 則背脊凜森, 撾鼓鼙[5]之音, 則鴻毛蹢躅[6], 其感激之道也如是。以其和也, 召陽氣, 化融風[7], 生萬物也。其不和也, 作陰氣, 化厲風[8], 辱萬物也。氣由聲也, 聲由氣也, 氣動則聲發, 聲發則氣振, 氣振則風行而萬物變化也。是以風雲可以命, 霜雹可以致, 鳳凰可以歌, 熊羆可以舞, 神明可以友, 用樂之術也甚大。

1_금슬琴瑟: 거문고와 비파.

2_소연脩然: 그 무엇에도 구속되지 않고 자유자재하는 모습.

3_정위지음鄭衛之音: 춘추전국 시대 정鄭나라와 위衛나라의 음악이며 풍격이 힘차고 역동적이고 대담하다.

4_영벽瓴甓: 질그릇, 동이.

5_고비鼓鼙: 중국 고대에 군대에서 사용하던 작은 북이다. 한漢대 이후에는 기고騎鼓라 불렀다.

6_척촉蹢躅: 이리저리 흔들리는 모습.

7_융풍融風: 입춘 때에 부는 훈훈한 바람.

8_려풍厲風: 겨울에 북서쪽에서 불어오는 매서운 바람.

소리의 기

거문고와 비파를 타는 소리를 들으면 자유롭고 한가로워지며, 정나라와 위나라 음악을 연주하는 소리를 들으면 즐겁고 편안해지며, 동이 부수는 소리를 들으면 등골이 오싹해지고, 군대의 북 치는 소리를 들으면 기러기 털이 흔들리듯 떨리게 되는데 받아들이고 반응하는 도 역시 이와 같다. 온화한 소리는 양기를 부르고 훈훈한 바람으로 변화시켜 만물이 자라게 한다. 온화하지 않는 소리는 음기를 모으고 매서운 바람으로 변화시켜 만물이 상하게 한다. 기의 변화는 소리에서 시작하고 소리의 변화는 기에서 시작한다. 기가 움직여 소리가 나고 소리가 나면서 기가 진동하며, 기가 진동하면서 바람이 일어나 만물이 변화한다. 그러므로 바람과 구름은 부릴 수 있고, 서리와 우박은 내리게 할 수 있고, 봉황은 노래하게 할 수 있고, 곰은 춤추게 할 수 있으며, 신명은 교제할 수 있다. 음악을 사용하는 기술은 매우 크다.

大同

　　虛含¹虛, 神含神, 氣含氣, 明含明, 物含物。達此理
者, 情²可以通, 形可以同。同於火者化爲火, 同於水者
化爲水, 同於日月者化爲日月, 同於金石者化爲金石。
唯大人無所不同, 無所不化, 足可以與虛皇³幷駕。

1_함含: 머금다.
2_정情: 사물에 접해 느끼는 마음으로 감정을 말하는 듯하다.
3_허황虛皇: 도교에서 말하는 신으로 천신과 지신을 말함.

크게 어울림

태허가 태허를 머금고, 원신이 원신을 머금고, 원기가 원기를 머금고, 신명이 신명을 머금고, 사물이 사물을 머금는다. 이러한 이치를 통달하면 마음이 통하고 형체가 하나 된다. 불과 하나 되면 불로 변하고, 물과 하나 되면 물로 변하고, 일월과 하나 되면 일월로 변하며, 금석과 하나 되면 금석으로 변한다. 오직 대인이 하나 되지 않는 것이 없고 변하지 않는 것이 없으니 천지 신명과 나란할 수 있다.

帝師

鏡非求鑑於物, 而物自投之, 囊非求飽於氣, 而氣自實之。是故鼻以虛受臭, 耳以虛受聲, 目以虛受色, 舌以虛受味。所以心同幽冥, 則物無不受, 神同虛無[1], 則事無不知。是以大人奪其機, 藏其微, 羽符[2]至怪, 陰液[3]甚奇, 可以守國, 可以救時, 可以坐爲帝王之師。

1_허무虛無: 텅 비어 아무것 도 존재하지 않는 세계.

2_우부羽符: 우羽는 도사가 입은 옷이며 부符는 무늬, 장신구이다. 우부羽符는 의복과 장신구, 즉 옷차림을 의미한다.

3_음액陰液: 음양陰陽

제왕의 스승

거울이 사물을 비추는 것이 아니라 사물이 스스로 거울에 들어가는 것이며, 풀무가 공기를 빨아들이는 것이 아니라 공기가 스스로 풀무에 차는 것이다. 코는 비어있으므로 냄새를 맡을 수 있고, 귀는 비어있으므로 소리를 들을 수 있고, 눈은 비어있으므로 색을 구분할 수 있으며, 혀는 비어있으므로 맛을 볼 수 있다. 따라서 마음이 그윽한 세계와 하나 되면 느끼지 못하는 것이 없고, 정신이 허무의 세계와 하나 되면 알지 못하는 일이 없다. 그러므로 대인은 이러한 관건을 알고 그 은밀함을 드러내지 않으며, 옷차림이 매우 괴이하고 음양의 변화가 기묘해 나라를 지킬 수 있고 시대를 구할 수 있으며 제왕의 스승이 될 수 있다.

琥珀

琥珀[1]不能呼腐芥, 丹[2]砂不能入焦金, 磁石不能取憊鐵, 元氣不能發陶爐[3]。所以大人善用五行之精, 善奪萬物之靈, 食天人之祿, 駕風馬之榮。其道也在忘其形而求其情。

1_호박琥珀: 나무의 진과 같은 물질이 땅속에 오랫동안 묻혀 굳어진 광물로 불에 잘 타고 마찰하면 전기가 일어난다.

2_단사丹砂: 수은과 황을 혼합해 만든 광물.

3_≪삼국지≫, 〈오서吳書〉에 삼국시대의 오吳나라 학자 우번虞翻이 12살 때 집에 온 손님이 형만 만나고 돌아가자 그에게 편지를 써 다음과 같이 한 말이 있다. "제가 듣기에 호박은 썩은 지푸라기를 끌어당길 수 없고(썩은 지푸라기는 수분을 함유하고 있기 때문에 정전기를 일으켜 끌어당길 수 없다.), 자석은 굽은 바늘을 끌어당길 수 없으니(금, 은으로 만든 바늘은 자성이 없으므로 자석으로 끌어당길 수 없다.), 그대가 저를 만나지 못하는 것은 어찌 당연한 일이 아니겠습니까.仆聞虎魄不取腐芥, 磁石不受曲針, 過而不存, 不亦宜乎."(≪三国志·吳志·虞翻传≫)담초가 생각하기에 모든 사물은 각각의 쓰임새가 있다. 그러나 사람들은 부당하게 사용하는 경우가 많다. 호박으로 썩은 풀을 끌어당기고, 단사를 녹은 금속에 넣고, 자석으로 쇠 부스러기를 빨아들이고, 원기로 화로에 불을 붙이는 방법은 모두 부당한 방법이다.

호박

　호박은 썩은 풀을 끌어당겨서 안 되고, 단사는 녹은 금속에 넣어서 안 되고, 자석은 쇠 부스러기를 빨아들여서 안 되며, 원기는 화로에 불을 집혀서 안 된다. 그래서 대인은 오행의 교묘함을 잘 사용하고 만물의 신령함을 잘 쟁취해 신선의 곡식을 먹고 바람처럼 달리는 말을 부리는 영예를 누렸다. 그의 도는 형체를 잊어버리고 마음을 추구하는데 있다.

03

덕화德化

五常

儒有講五常[1]之道者，分之爲五事[2]，屬之爲五行[3]，散之爲五色[4]，化之爲五聲[5]，俯之爲五嶽[6]，仰之爲五星[7]，物之爲五金[8]，族之爲五靈[9]，配之爲五味[10]，感之爲五情[11]。所以聽之者若醯雞之游太虛，如井蛙之浮滄溟，莫見其鴻濛之涯，莫測其浩渺之程。日暮途遠，無不倒行。

1_오상五常: 인仁, 의義, 예禮, 지智, 신信의 다섯 가지 행위준칙.
2_오사五事: 외모, 말, 보는 것, 듣는 것, 생각하는 것을 가리킴.
3_오행五行: 금金, 수水, 목木, 화火, 토土의 다섯 가지 원소.
4_오색五色: 파란색, 붉은색, 흰색, 검은색, 누른색의 다섯 가지 색깔.
5_오음五音: 궁宮, 상商, 각角, 치徵, 우羽의 다섯 가지 음계.
6_오악五嶽: 태산泰山, 화산華山, 형산衡山, 항산恒山, 숭산嵩山의 다섯 가지 명산.
7_오성五星: 수성, 금성, 화성, 목성, 토성의 다섯 가지 행성.
8_오금五金: 금, 은, 동, 철, 주석의 다섯 가지 금속.
9_오령五靈: 기린, 봉황, 거북, 용, 백호의 다섯 가지 신령스러운 금수.
10_오미五味: 신맛, 쓴맛, 매운맛, 짠맛, 단맛의 다섯 가지 맛.
11_오정五情: 기쁨, 노여움, 슬픔, 즐거움, 원망의 다섯 가지 감정.

오상

　유가가 말하는 오상五常의 도는 나누어지면 오사五事가 되고, 모이면 오행五行이 되며, 흩어지면 오색五色이 된다. 변화하면 오성五聲이 되고, 구부러지면 오악五岳이 되며, 우뚝 솟으면 오성五星이 된다. 사물이 되면 오금五金이 되고, 생명이 되면 오령五靈이 되고, 식물과 어울리면 오미五味가 되고, 정감을 가지면 오정五情이 된다. 그래서 오상을 들은 사람은 마치 초파리가 태허를 날아다니는 것처럼 우물 안 개구리가 넓은 바다를 떠다니는 것처럼 그 아득함의 끝을 보지 못하고 끝없는 여정을 헤아리지 못한다. 해는 저물고 갈 길은 아득하나 가는 길을 되돌아 올 수 없다.

殊不知，五常之道一也，忘其名則得其理，忘其理則得其情。然後牧之以清靜，棲之以杳冥，使混我神氣，符我心靈。若水投水，不分其清，若火投火，不問其明。是謂奪五行之英，盜五常之精，聚之則一芥可包，散之則萬機齊亨。其用事也如酌醴以投器，其應物也如懸鏡以鑑形。於是乎變之爲萬象，化之爲萬生，通之爲陰陽，虛之爲神明。所以運帝王之籌策，代天地之權衡，則仲尼其人也。

알아야 하는 것은 오상의 도는 하나이다. 그것의 이름을 잊어야 그것의 이치를 깨달을 수 있고 그것의 이치를 잊어야 그것의 다섯 가지 감정을 깨달을 수 있다. 그러한 이후에 청정함으로 그것을 다스리고 아득함으로 그것을 머물게 해 나의 신기와 혼합하게 하고 나의 심령과 일치하게 하면 마치 물을 물에 넣는 것처럼 맑고 혼탁함을 분별할 수 없고, 마치 불을 불에 넣는 것처럼 밝고 어두움을 구분할 수 없다. 오행의 교묘함 쟁취하고 오상의 정수를 쟁취해 그것을 모으면 아주 미세한 것도 포용할 수 있으며, 그것을 분산하면 만사만물을 모두 누릴 수 있다. 그것을 사용해서 일을 하면 술을 술잔에 따르는 것처럼 순조롭게 일을 완성할 수 있고, 그것을 사용해서 일에 대응하면 거울로 형상을 비추는 것처럼 분명하게 일을 처리할 수 있다. 오상이 변해 온갖 사물이 되고, 움직여 수많은 생명이 되며, 오상이 서로 통해 음양이 되고, 텅 비어 신명이 된다. 그래서 제왕의 계책을 움직이고 천지의 평가를 대신할 수 있었던 사람이 바로 공자였다.

飛蛾

天下賢愚, 營營然[1]若飛蛾之投夜燭, 蒼蠅之觸曉窻, 知往而不知返, 知進而不知退。而但知避害而就利, 不知聚利而就害。夫賢[2]於人而不賢於身, 何賢之謂也。博[3]於物[4]而不博於己, 何博之謂也。是以大人利害俱忘, 何往不藏[5]。

1_영영營營: 급히 쫓다. 바삐 추격하다.
2_현賢: 낫다. 좋은 점이 더 많다.
3_박博: 얻다. 취득하다.
4_물物: 몸 이외의 것으로, 주로 재산 따위를 말한다.
5_장臧: 거두다. 받다.

불나방

　세상에서 현명한 사람이건 어리석은 사람이건 명예와 이익을 좇는데 급급해 불나방이 촛불에 날아드는 것처럼 파리가 새벽 창에 부딪히는 것처럼 나아갈 줄만 알고 되돌아올 줄 모르며 나아갈 줄만 알고 물러날 줄 모른다. 단지 해로움을 피하고 이로움을 추구할 줄만 알며 이로움을 취함으로 인해 해로움을 당한다는 것을 모른다. 무릇 개인의 명성에 이로운 점이 있지만 몸에 이로운 점이 없다면 어찌 이로움이라 할 수 있겠는가? 몸 이외에 얻는 것이 있고 몸에 얻는 것이 없다면 어찌 얻는 것이라 할 수 있겠는가? 그러므로 대인은 이로움과 해로움을 모두 잊어버리니 어찌 나아가서 얻는 것이 없겠는가?

異心

虎踞[1]於林, 蛇游於澤, 非鷗鳶之讐, 鷗鳶從而號之, 以其蓄[2]異心[3]之故也。牛牧於田, 豕眠於圈, 非烏鵲之馭, 烏鵲從而乘之, 以其無異心之故也。是故麟有利角, 眾獸不伏, 鳳有利觜, 眾鳥不賓[4], 君有奇智, 天下不臣。善馳者終於蹶, 善鬪者終於敗。有數[5]則終, 有智則窮。巧者爲不巧者所使, 詐者爲不詐者所理[6]。

1_거踞: 웅크리고 앉다. 놀다.

2_축蓄: 쌓다. 간직하다.

3_이심異心: 배반하는 마음. 나쁜 마음.

4_빈賓: 존경하다. 따르다. 복종하다.

5_수數: 꾀, 책략, 수단, 방법.

6_리理: 다스리다. 통제하다.

나쁜 마음

호랑이는 숲에서 생활하고 독사는 늪에서 돌아다니므로 솔개와 원수질 일이 없다. 그러나 솔개가 따라오면 으르렁거리는 이유는 솔개가 나쁜 마음을 품고 있기 때문이다. 소는 들판에서 풀을 뜯고 돼지는 우리에서 잠을 자며 까마귀와 까치의 통제를 받지 않는다. 그러나 까마귀와 까치가 따라오면 태워주는 이유는 그들은 나쁜 마음이 없기 때문이다. 그러므로 기린은 예리한 뿔이 있어도 모든 짐승이 복종하지 않는 것이고, 봉황은 예리한 부리가 있어도 모든 새가 순종하지 않는 것이며, 군왕은 뛰어난 지혜가 있어도 천하가 섬기지 않는 것이다. 잘 달리는 자는 결국 넘어지고 잘 싸우는 자는 결국 패한다. 꾀가 있는 자는 꾀가 다할 때가 있고 지혜가 있는 자는 지혜가 다할 때가 있다. 재주 있는 자는 재주 없는 자가 부리고 간사한 자는 간사하지 않는 자가 이용한다.

弓矢

天子作弓矢威天下, 天下盜弓矢以侮天子。君子作禮樂以防小人, 小人盜禮樂以僭[1]君子。有國者好聚斂[2], 蓄粟帛, 具甲兵以禦賊盜, 賊盜擅甲兵, 踞[3]一粟帛以奪其國, 或曰, 安危德也。又曰, 興亡數也。苟德可以恃, 何必廣粟帛乎。苟數可以憑, 何必廣甲兵乎。

1_참僭: 비난하다. 비방하다.
2_취렴聚斂: 백성의 재물을 탐내어 함부로 거두어들이는 것.
3_거踞: 점거하다. 차지하다.

활과 화살

천자는 활과 화살을 만들어 세상 사람을 위협하고 세상 사람은 활과 화살을 훔쳐 천자에 저항한다. 군자는 예악제도를 만들어 소인을 방어하고 소인은 예악제도를 도용해 군자를 비방한다. 통치자가 마음대로 착취해 곡식과 비단을 축적하면 군대를 조직해 도적을 방어하더라도 도적은 병사를 모으고 곡식과 비단을 차지해 국가를 강탈한다. 어떤 사람은 "국가의 안위는 통치자의 덕행에 달려있다."고 말하며 또한 "국가의 흥망은 팔자에 달려있다."고 말한다. 만약 덕이 믿을만한 것이라면 곡식과 비단을 쌓아둘 필요가 있는가? 만약 팔자가 의지할만한 것이라면 무기와 병사를 확보할 필요가 있는가?

聰明

無所不能者, 有大不能, 無所不知者, 有大不知, 夫忘弓矢然後知射之道, 忘策轡[1]然後知馭之道, 忘弦匏[2]然後知樂之道, 忘智慮然後知大人之道。是以天下之主, 道德出於人, 理國之主, 仁義出於人, 亡國之主, 聰明出於人。

1_책비策轡: 채찍과 고삐.
2_현포弦匏: 현과 악기.

총명

하지 못하는 것이 없는 사람은 큰일에서 할 수 있는 것이 없으며, 알지 못하는 것이 없는 사람은 큰일에서 아는 것이 없다. 활과 화살을 잊어버린 이후에 활을 쏘는 도를 알 수 있고, 채찍과 고삐를 잊어버린 이후에 말을 부리는 도를 알 수 있고, 현과 악기를 잊어버린 이후에 음악을 연주하는 도를 알 수 있으며, 지혜와 생각을 잊어버린 이후에 대인의 도를 알 수 있다. 그러므로 천하의 주인은 도덕이 뭇사람 보다 뛰어나고, 한 국가를 다스리는 주인은 인의가 뭇사람 보다 뛰어나며, 한 국가를 망하게 하는 주인은 총명함이 뭇사람보다 뛰어나다.

有國

有國¹之禮, 享郊²廟³, 敬鬼神也, 釁⁴龜策, 占吉凶也。敬鬼神, 信禍福之職也, 占吉凶, 信興亡之數也。奈何有大不信, 窮民之力以爲城郭, 奪民之食爲儲蓄。是福可以力取, 是禍可以力敵, 是疑貳於鬼神, 是欺惑於龜策, 是不信於天下之人, 斯道也, 賞不足動, 罰不足懼, 國不足守。奈何有大不信, 窮民之力以爲城郭, 奪民之食爲儲蓄? 是福可以力取, 是禍可以力敵, 是疑貳⁵於鬼神, 是欺惑於龜策, 是不信於天下之人, 斯道也, 賞不足動, 罰不足懼, 國不足守。

1_유국有國: 나라를 보유한 자, 즉 통치자를 말한다.
2_교郊: 천지에 제사를 지내는 장소.
3_묘廟: 선조에 제사를 지내는 장소.
4_미釁: 힘쓰다. 근면하다.
5_이貳: 의심하다. 믿지 못하다.

통치자

통치자의 예는 천지와 선조에 제사지내고, 귀신을 공경하며, 끊임없이 거북 등딱지와 대오리로 길흉을 점치는 것이다. 귀신을 공경하는 것은 화복은 귀신이 주관한다고 믿는 것이며, 길흉을 점치는 것은 국가의 흥망은 운수에 달려있다고 믿는 것이다. 유감스럽게도 어떤 사람은 귀신을 믿지 않고 백성의 노동력을 착취해 성곽을 축조하고 백성의 식량을 강탈해 축적한다. 복을 힘으로 얻을 수 있고 재앙을 힘으로 물리칠 수 있다는 사람은 귀신을 의심하고, 거북 등딱지와 대오리를 업신여기고, 세상 사람을 믿지 않는다. 이렇게 일하는 사람은 상을 주어도 마음을 움직이게 할 수 없고, 벌을 주어도 두려워하게 할 수 없으며, 국가 역시 지키게 할 수 없다.

黃雀

黃雀之爲物也, 日游於庭, 日親於人而常畏人, 而人常撓[1]之。玄鳥[2]之爲物也, 時游於戶[3], 時親於人而不畏人, 而人不撓之。彼行促促, 此行伴伴, 彼鳴啾啾, 此鳴鏘鏘, 彼視矍矍, 此視汪汪, 彼心戚戚, 此心堂堂。是故疑人者爲人所疑, 防人者爲人所防。君子之道, 仁與義中與正, 何憂何害[4]。

1_요撓: 잡다. 쥐다.

2_현조玄鳥: 제비의 다른 이름.

3_호戶: 문, 옛날에 한 짝으로 된 문을 '호戶'라 하고 두 짝으로 된 문을 '문門'이라 했다.

4_해害: 불안한 마음이 생기다. 걱정되다.

참새

참새는 날짐승으로 날마다 마당에서 노닐고 날마다 사람과 가까이 지내지만 항상 사람을 두려워하며 사람 또한 항상 그를 잡으려한다. 제비 또한 날짐승으로 해마다 문가에서 노닐며 해마다 사람과 가까지 지내지만 사람을 두려워하지 않으며 사람 또한 그를 잡으려하지 않는다. 참새의 행동은 소심하고 제비의 행동은 대범하다. 참새의 소리는 의기소침하고 제비의 소리는 우렁차다. 참새는 두리번거리며 살피고 제비는 이리저리 둘러본다. 참새의 마음은 불안하고 제비는 마음은 당당하다. 그러므로 사람을 의심하는 자는 사람의 의심을 받으며 사람을 경계하는 자는 사람의 경계를 받는다. 군자의 도는 어진마음으로 의로움을 행하고 치우치지 않는 마음으로 올바름을 행하는 것인데 어찌 근심이 있고 어찌 두려움이 있겠는가!

籠猿

籠中之猿, 踴躍萬變不能出於籠, 匣中之虎, 狂怒萬變不能出於匣, 小人之機, 智慮[1]萬變不能出於大人之道。夫大人之道, 如地之負[2], 如天之垂[3]。無日不怨, 無人不欺, 怨不我怨, 欺不我夷, 然後萬物知其所歸。

1_지려智慮: 계책을 짜다. 모략을 세우다.

2_부부負: 덮어씌우다.

3_수垂: 드리우다. 뒤덮이게 하다.

우리 속 원숭이

우리에 갇혀 있는 원숭이는 아무리 날뛰어도 우리를 빠져나 갈 수 없다. 철장에 갇혀 있는 호랑이는 아무리 포효해도 철장 을 빠져나갈 수 없다. 소인의 기지는 아무리 계책을 짜더라도 대인의 도를 벗어나지 못한다. 무릇 대인의 도는 대지를 뒤덮는 것과 같고 하늘을 뒤덮는 것과 같다. 원망하지 않는 날이 없고 속이지 않는 사람이 없지만 원망하더라도 화내지 않고 속이더 라도 적대시 하지 않아야 그러한 이후에 만물이 돌아가는 곳을 알게 된다.

常道

仁義者常行之道, 行之不得其術, 以至於亡國。忠信者常用之道, 用之不得其術, 以至於護[1]罪。廉潔者常守之道, 守之不得其術, 以至於暴[2]民。財辯[3]者常御之道, 御之不得其術, 以至於罹[4]禍。蓋拙在用於人, 巧在用於身。使民親稼則怨, 誠民輕食則怒。夫餌者魚之嗜, 羶者蟻之慕, 以餌投魚魚必以懼, 以羶投蟻蟻必去, 由[5]不得化之道。

1_확護: 지키다. 감시하다.

2_폭暴: 사납다. 해치다. 악하다.

3_변辯: 관리하다. 나누다.

4_이罹: 걸리다. 휘말리다. 만나다. 당하다.

5_유由: 까닭, 곡절, 이유.

늘 그러한 도

인과 의는 항상 행해야할 도이지만 그것을 행하는 방법을 모르기 때문에 나라를 망하게 하는 것이다. 충과 신은 항상 이용해야할 도이지만 그것을 이용하는 방법을 모르기 때문에 죄를 감시하는 것이다. 청렴은 항상 지켜야할 도이지만 그것을 지키는 방법을 모르기 때문에 백성을 해치는 것이다. 재물을 나누는 것은 항상 관리해야할 도이지만 그것을 관리하는 방법을 모르기 때문에 재앙을 만나는 것이다. 대개 어리석은 사람은 이러한 것을 타인에게 적용하고 현명한 사람은 자신에게 적용한다. 백성에게 농업에 종사하도록 강요하면 불평하고 백성에게 식량을 절약하도록 훈계하면 분노한다. 무릇 미끼는 물고기가 좋아하는 것이고 비린내 나는 것은 개미가 좋아하는 것이지만 미끼를 고기에게 던지면 고기는 반드시 두려워하고 비린내 나는 것을 개미에게 던지면 개미는 반드시 달아나는데 그 이유는 변화하는 도를 모르기 때문이다.

感喜

感父之慈, 非孝也, 喜君之寵, 非忠也。感始於不感, 喜始於不喜。多感必多怨, 多喜必多怒。感喜在心, 由物之有毒, 由蓬之藏火, 不可不慮。是以君子之業[1], 爵之不貴, 禮之不大, 親之不知, 疏之不疑, 辱[2]之不得, 何感喜之有。

1_業: '학문', '기예'라는 의미가 있으며 이 문장에서는 '됨됨이'로 이해 할 수 있을 것 같다.

2_욕辱: 욕되게 하다. 더럽히다. 미워하다. 싫어하다.

감사와 즐거움

부모의 사랑에 감사하는 것은 효도가 아니고 군왕의 총애에 즐거워하는 것은 충심이 아니다. 감사하는 마음은 감사하지 않는 마음에서 시작하고 즐거워하는 마음은 즐거워하지 않는 마음에서 시작한다. 감사하는 마음이 많으면 반드시 원망하는 마음이 많아지며 즐거워하는 마음이 많으면 반드시 분노하는 마음이 많아진다. 감사와 즐거움이 마음에 있는 것은 사물에 독이 있고 장작더미에 불씨가 감추어져 있는 것과 같아 걱정하지 않을 수 없다. 그러므로 군자의 됨됨이는 벼슬을 귀하게 여기지 않고, 예를 지나치게 행하지 않고, 관계가 가까워도 알려하지 않고, 관계가 멀어도 의심하지 않으며, 자신을 업신여겨도 그렇게 느끼지 않는 것이니 어찌 감사하고 즐거워하는 마음이 있겠는가?

太醫

太醫¹之道, 脉和而實者爲君子, 生之道也, 撓而浮者爲小人, 死之道也。 太卜²之道, 策³平而慢者爲君子, 吉之道也, 曲而利者爲小人, 凶之道也。 以是論之, 天下之理一也, 是故觀其國, 則知其臣, 觀其臣, 則知其君, 觀其君, 則知其興亡。 臣可以擇君而仕, 君可以擇臣而任。 夫揖讓⁴可作而躁靜不可作, 衣冠可詐而形器不可詐, 言語可文⁵而聲音不可文。

1_태의太醫: 왕족의 병을 치료하던 의원
2_태복太卜: 치료를 담당하는 관직이름
3_책策: 점대. 대오리.
4_읍양揖讓: 예절.
5_문文: 문식文飾의 의미로 '겉치레 하다', '꾸미다', '가리다'의 의미가 있다.

태의

태의가 병을 진단하는 도에 의하면 맥박이 고르고 안정적이면 군자의 맥박이며 양생의 도에 부합하는 맥박이다. 맥박이 혼란하고 안정적이지 않으면 소인의 맥박이며 죽음을 재촉하는 맥박이다. 태복이 점을 치는 도에 의하면 점대가 곧고 흔들림이 완만하면 군자의 점괘이며 운수가 좋은 점괘이다. 점대가 휘고 흔들림이 빠르면 소인의 점괘이며 운수가 나쁜 점괘이다. 이로써 헤아려보면 세상의 이치는 하나이다. 한 나라를 살피면 그 나라의 신하를 알 수 있고, 그 나라의 신하를 살피면 그 나라의 군주를 알 수 있으며, 그 나라의 군주를 살피면 그 나라가 흥하는지 망하는지 알 수 있다. 신하는 군주를 선택해 벼슬을 할 수 있고 군주는 신하를 선택해 벼슬을 줄 수 있다. 무릇 예절은 억지로 행할 수 있어도 조급하고 침착한 것은 억지로 행할 수 없으며, 의관은 속일 수 있어도 형체나 기질은 속일 수 없으며, 말은 꾸밀 수 있어도 말소리는 꾸밀 수 없다.

讒語

藏於人者謂之機[1], 奇[2]於人者謂之謀[3]。殊不知, 道德之機, 衆人所知, 仁義之謀衆人所無。是故有賞罰之敎則邪道進, 有親疏之分則小人入。夫棄金於市, 盜不敢取, 詢政於朝, 讒不敢語, 天下之至公也。

1_기機: 허위, 거짓, 비밀, 기밀.
2_기奇: 거짓, 속임.
3_모謀: 꾀, 계략, 계책.

헐뜯는 말

　사람에게 숨기는 것을 거짓이라 하며 사람에게 속임수 쓰는 것을 계책이라 한다. 알아야 하는 것은, 도덕이 숨기는 것은 사람이 알지만 인의가 속이는 것은 사람이 모른다. 그러므로 상과 벌로 교화하면 바르지 못한 도리가 움직이고, 가깝고 먼 구분이 있으면 소인이 개입한다. 무릇 금을 길에 버려도 도둑이 감히 주워가지 않고 조정에서 정사를 물어도 아첨하는 자가 감히 말을 하지 못하면 천하는 지극히 공정해진다.

刻畫

畫者不敢易[1]於圖象, 苟易之, 必有咎。刻者不敢侮於本偶, 苟侮之, 必貽禍。始製作於我, 又要敬於我, 又寘[2]禍於我。是故張機者用於機, 設險者死於險, 建功者辱於功, 立法者罹於法。動一竅[3]則百竅相會, 擧一事則萬事有害, 所以機貴[4]乎明, 險貴乎平, 功貴乎無狀, 法貴乎無象。能出刻畫者, 可以名之爲大象。

1_역易: 경시하다. 얕보다.
2_치寘: 두다. 배치하다. 처리하다.
3_규竅: 일, 사건의 관건 혹은 핵심 요소.
4_귀貴: 소중하다. 중요하다.

조각과 그림

　화가는 자신이 그린 그림을 가벼이 여겨서는 안 된다. 만약 가벼이 여기면 반드시 문제가 일어난다. 조각가는 자신이 조각한 조각상을 업신여겨서 안 된다. 만약 업신여기면 반드시 화를 입게 된다. 처음부터 내가 만든 것은 나를 존경할 수도 있고 나를 해칠 수도 있다. 그러므로 계책을 사용하는 자는 자신이 짠 계책에 이용되며, 함정을 설치한 자는 자신이 만든 함정에 빠져 죽으며, 공을 세운 자는 자신이 세운 공에 모욕당하며, 법을 제정한 사람은 자신이 제정한 법에 걸려든다. 하나의 요소를 움직이면 수많은 요소가 결합하며 하나의 일을 일으키면 수많은 일이 해를 입는다. 그러므로 계책은 공개하는 것이 중요하고, 함정은 평범한 것이 중요하고, 공적은 드러나지 않는 것이 중요하고, 법은 법령이 없는 것이 중요하다. 새기고 그리는 경지를 뛰어넘을 수 있으면 대가라 말할 수 있다.

酒醴

夫酒醴者, 迫之飮愈不飮, 恕之飮愈恣飮。是故抑人者人抑之, 容人者人容之, 貸[1]其死者樂其死, 貸其輸[2]者樂其輸。所以民盜君之德, 君盜民之力。能知反覆[3]之道者, 可以居兆民之職。

1_대貸: 너그럽게 용서하다.
2_수輸: 바치다. 헌납하다. 기부하다.
3_반복反覆: 반복하다. 되풀이하다. 변덕스럽다.

술

　무릇 술이란 마시라 권할수록 마시고 싶지 않으며 마시라 권하지 않을수록 더욱 마시고 싶어진다. 그러므로 사람을 억압하는 자는 다른 사람 또한 그를 억압하며 사람을 용서하는 자는 다른 사람 또한 그를 용서한다. 죽어도 마땅한 자를 용서하면 기꺼이 죽기를 원하고 세금을 감면해주면 기꺼이 세금을 내려한다. 백성은 군주의 덕에 의지하고 군주는 백성의 힘에 의지하니 이러한 변덕스러운 도리를 알 수 있는 자는 모든 백성을 관리하는 직위를 맡을 수 있다.

恩賞

侯者人所貴, 金者人所重, 衆人封公[1]而得侯者不
美, 衆人分玉而得金者不樂。是故賞不可妄行, 恩不
可妄施。其當也由爲爭奪之漸[2], 其不當也即爲亂亡
之基。故我自卑則賞不能大, 我自儉則恩不得奇。歷
觀亂亡之史皆驕侈, 恩賞之所以爲也。

1_공公: 주나라 때 왕 다음으로 가장 높은 작위이다. 주나라의 5등급은
　공公, 후侯, 백伯, 자子, 남男이다.
2_점漸: 일의 조짐, 발단.

은혜와 상

　제후는 사람들이 부러워하는 직위이고 금은 사람들이 중시하는 물건이지만 다른 사람이 공작의 직위를 받을 때 자신이 제후의 직위를 받으면 좋아하지 않고, 다른 사람이 옥을 나눌 때 자신이 금을 받으면 즐거워하지 않는다. 그러므로 상은 함부로 시행해서 안 되고 은혜는 함부로 베풀어서 안 된다. 그것이 합당하더라도 이익을 다투는 발단이 되며 합당하지 않으면 국가가 혼란하고 망하는 시초가 된다. 나 스스로 겸손하면 상이 지나칠 수 없고 나 스스로 절약하면 은혜가 특별할 수 없다. 역사상 나라가 혼란하고 망하는 역사를 보면 모두 교만과 사치, 은혜와 상으로 인해 그렇게 된 것이다.

養民

民不怨火而怨使之禁火, 民不怨盜而怨使之防盜。是故濟民不如不濟, 愛民不如不愛。天有雨露[1], 所以招其怨, 神受禱祝, 所以招其謗。夫禁民火不如禁心火, 防人盜不如防我盜, 其養[2]民也如是。

1_우로雨露: 비와 이슬, 은혜恩惠를 비유하는 말.
2_양養: 기르다. 다스리다.

백성을 다스림

　백성은 불을 원망하지 않으며 불을 사용하지 못하게 하는 것을 원망한다. 백성은 도적을 원망하지 않으며 도적을 방비하게 하는 것을 원망한다. 그러므로 백성을 구제하는 것은 구제하지 않는 것 보다 못하며 백성을 사랑하는 것은 사랑하지 않는 것 보다 못하다. 하늘은 비와 이슬이 있으므로 원망을 들으며 신은 기원을 받으므로 비방을 듣는다. 무릇 백성이 불을 사용하지 못하도록 금지하는 것은 백성의 마음속에 있는 불만을 제거하는 것 보다 못하며, 백성이 도적을 방비하도록 하는 것은 나의 도적을 방비하는 것 보다 못하다. 백성을 다스리는 방법 또한 이와 같다.

04

인화仁化

得一

曠然無爲之謂道, 道能自守之謂德, 德生萬物之謂
仁, 仁救安危之謂義, 義有去就[1]之謂禮, 禮有變通[2]
之謂智, 智有誠實之謂信, 通而用之之謂聖。道, 虛
無也, 無以自守, 故授之以德。德, 清靜也, 無以自用,
故授之以仁。仁用而萬物生, 萬物生必有安危[3], 故
授之以義。義濟[4]安拔[5]危, 必有藏否, 故授之以禮。
禮秉[6]規持[7]範, 必有疑滯, 故授之以智。智通則多變,
故授之以信, 信者, 成萬物之道也。

1_거취去就: 물러남과 나아감, 즉 행위가 옳은지 아닌지에 대한 판단.
2_변통變通: 형편이나 상황에 따라 일을 융통성 있게 잘 처리함.
3_안위安危: 편안함과 위태함.
4_제濟: 구제하다.
5_발拔: 뽑다. 제거하다.
6_병秉: 잡다. 마음으로 지키다.
7_지持: 지키다. 보존하다.

하나를 얻음

고요해 행함이 없는 것을 도라 한다. 도는 스스로 지킬 수 있으므로 덕이라 한다. 덕은 만물을 생성할 수 있으므로 어짊이라 한다. 어짊은 어려운 사람을 구제할 수 있으므로 의로움이라 한다. 의로움은 옳고 그름에 대한 차이가 있으므로 예라고 한다. 예는 상황에 따라 시행해야 하므로 지혜라 한다. 지혜는 진실해야 하므로 믿음이라 한다. 이 모든 것에 통달해 그것을 사용하는 사람을 성인이라 한다. 도는 텅 비어 스스로 지킬 수 없으므로 덕을 부여해야 한다. 덕은 맑고 고요해 스스로 작용할 수 없으므로 어짊을 부여해야 한다. 어짊이 작용해 만물이 생성되며, 만물이 생성되면 반드시 편안함과 위태함이 나타나므로 의로움을 부여해야 한다. 의로움을 어려움에 처한 사람을 돕는 것이므로 반드시 그 행위가 옳은지 아닌지에 대한 평가가 있어야 하므로 예를 부여해야 한다. 예는 규범에 따라 행해야하기 때문에 반드시 무엇을 따라야할지 몰라 망설이게 되므로 지혜를 부여해야 한다. 지혜는 두루 아는 것이지만 변화가 많음으로 믿음을 부여해야 한다. 믿음이 만물을 이루는 도이다.

五行

道德者, 天地也。五常[1]者, 五行[2]也。仁發生之謂也, 故均於木。義, 救難之謂也, 故均於金。禮, 明白之謂也, 故均於火。智, 變通之謂也, 故均於水。信, 愨[3]然之謂也, 故均於土。仁不足則義濟[4]之, 金伐木也。義不足則禮濟之, 火伐金也。禮不足則智濟之, 水伐火也。智不足則信濟之, 土伐水也。始則五常相濟之業, 終則五常相伐之道, 斯大化之往也。

1_오상五常: 인仁, 의義, 예禮, 지智, 신信이며 유학에서 말하는 인륜관계의 행위준칙이다.

2_오행五行: 쇠, 나무, 물, 불, 흙을 가리킨다. 고대인은 이 다섯 가지 원소에 의해 우주만물이 끊임없이 순환한다고 생각했다.

3_각愨: 바르다. 성실하다.

4_제濟: 도움, 원조.

오행

　도덕은 천지와 조화를 이루고 오상은 오행과 조화를 이룬다. 어짊은 만물이 생장하게 하는 것이므로 나무와 조화를 이룬다. 의로움은 어려움에 처한 사람을 구제하는 것이므로 쇠와 조화를 이룬다. 예는 분명하게 구분하는 것이므로 불과 조화를 이룬다. 지혜는 융통성 있게 일을 처리하는 것이므로 물과 조화를 이룬다. 믿음은 진실한 것이므로 흙과 조화를 이룬다. 어짊이 부족할 때 의로움으로 보완하는 것은 쇠로 나무를 극복하는 것이다. 예가 부족할 때 지혜로 보완하는 것은 물로 불을 극복하는 것이다. 지혜가 부족할 때 믿음으로 보완하는 것은 흙으로 물을 극복하는 것이다. 처음 오상이 서로 보완하면서 시작해 마지막에 오상이 서로 극복하는 길을 가게 되니 이것이 만물이 변화 발전하는 길이다.

畋漁

夫禽獸之於人也何異。 有巢穴之居, 有夫婦之配, 有父子之性, 有死生之情。烏反哺, 仁也, 隼憫胎, 義也, 蜂有君, 禮也, 羊跪乳, 智也, 雉不再接, 信也。孰究其道。萬物之中五常百行無所不有也, 而敎之爲網罟, 使之務畋漁[1]且夫焚其巢穴, 非仁也, 奪其親愛, 非義也, 以斯爲享, 非禮也, 敎民殘暴, 非智也, 使萬物懷疑, 非信也。夫羶臭[2]之慾不止, 殺害之機[3]不已。羽毛[4]雖無言, 必狀我爲貪狼之與封豕[5], 鱗介雖無知, 必名[6]我爲長鯨之與巨虺也。 胡爲自安, 焉得不恥。吁, 直疑自古無君子。

1_전어畋魚: 사냥과 낚시.
2_전취羶臭: 노린내, 고기가 타는 냄새.
3_기機: 생각, 마음, 의사.
4_우모羽毛: 깃과 털로 날짐승과 들짐승을 비유함.
5_봉치封豕: 큰 돼지, 탐욕스럽고 잔학한 사람을 비유함.
6_명名: 이름 붙이다. 부르다.

사냥과 낚시

　금수는 사람과 어떤 차이가 있는가? 금수 또한 거처하는 집이 있고, 암수의 짝이 있고, 부모와 자식사이의 성정이 있으며, 죽음과 삶에 대한 감정이 있다. 새끼 까마귀가 자란 뒤 늙은 어미에게 먹이를 물어주는 것이 어짊이다. 매가 임신한 짐승을 가엽게 여기는 것이 의로움이다. 벌이 여왕벌을 섬기는 것이 예의이다. 양이 무릎 꿇고 새끼에게 젖을 먹이는 것이 지혜이다. 꿩이 짝 이외의 다른 꿩과 교제하지 않는 것이 믿음이다. 누가 이러한 도를 탐구하는가? 만물가운데 오상은 온갖 행위에서 존재하지만 이러한 것은 백성이 그물을 짜도록 가르치고 사냥과 낚시에 힘쓰도록 시키는 것이다. 금수의 보금자리를 불태우는 것은 어짊이 아니며, 금수의 가족을 사냥하는 것은 의로움이 아니며, 금수를 죽여 제사지내는 것은 예의가 아니며, 사람들이 잔학하도록 가르치는 것은 지혜가 아니며, 만물이 서로 의심하도록 하는 것은 믿음이 아니다. 무릇 음식에 대한 욕망이 그치지 않으면 살생하려는 마음이 그치지 않는다. 깃과 털이 있는 짐승은 비록 말은 못하지만 반드시 우리를 탐욕스러운 승냥이와 잔학한 멧돼지로 여길 것이며, 비늘과 등딱지가 있는 동물은 비록 무지하지만 반드시 우리를 큰 고래와 거대한 구렁이로 여길 것이다. 그런데도 우리는 어찌 득의양양하며 부끄러움을 느끼지 못하는 것인가? 아! 고대부터 군자가 없었다고 의심할 수밖에 없구나.

犧牲

犧牲之享, 羔鴈之薦, 古之禮也。且古之君子, 非不
知情之憂喜, 聲之哀樂能動天地, 能感鬼神。刀机[1]前
列, 則憂喜之情可知矣, 鷹犬齊至, 則哀樂之聲可知
矣。以是祭天地, 以是禱神明, 天地必不享, 苟享之必
有咎, 神明必不歆[2], 苟歆之必有悔。所以知, 神龍見,
喪風雲之象也, 鳳凰來, 失尊戴之象也, 麒麟出, 亡國
土之象也。觀我之義, 禽必不義也, 以彼爲祥, 禽必不
祥也。

1_올机: 걸상, 그루터기.
2_흠歆: 신명이 제사의 예를 받다. 기뻐하다. 감복하다.

희생

 동물을 죽여 제사 지낼 때 양과 거위를 바치는 것이 고대의 예이다. 또한 고대의 군자는 근심하고 즐거워하는 감정, 슬퍼하고 기뻐하는 소리가 천지를 움직이고 귀신을 감화시킨다는 것을 모르지 않았다. 칼자루가 앞에 놓이면 근심하고 즐거워하는 감정을 알 수 있으며, 매와 개가 일제히 달려들면 슬퍼하고 기뻐하는 소리를 알 수 있다. 이러한 정서를 가지고 천지에 제사 지내고 신에게 기원하면 천지는 반드시 누리지 않을 것이며 만약 누린다면 반드시 재앙이 있을 것이다. 신명 역시 반드시 받아들이지 않을 것이며 만일 받아들인다면 반드시 위험이 있을 것이다. 그래서 알 수 있는 것은 만약 신룡이 보이면 신룡이 바람과 구름을 일으키는 능력을 잃어버렸다는 것을 상징하는 것이며, 만약 봉황이 날아오면 봉황이 금수의 존대를 받는 위엄을 잃어버렸다는 것을 상징하는 것이며, 만약 기린이 나타나면 국가가 장차 멸망하리라는 것을 상징하는 것이다. 나에게 의로운 일을 보면 금수에게 반드시 의롭지 않은 일이며 사람에게 상서로운 일은 금수에게 반드시 불길한 일이다.

太和

非兔狡, 獵狡也, 非民詐, 吏詐也。愼[1]勿怨盜賊, 盜賊惟[2]我召, 愼勿怨叛亂, 叛亂稟[3]我教。不有和睦, 焉得仇讐, 不有賞動, 焉得鬪爭。是以大人無親無疏, 無愛無惡, 是謂太和。

1_신愼: 진실로, 참으로.
2_유惟: 꾀하다. 의도하다.
3_품稟: 주다. 내려 주다.

큰 조화

토끼가 교활한 것이 아니라 사냥꾼이 교활한 것이며, 백성이 간사한 것이 아니라 벼슬아치가 간사한 것이다. 도적을 원망할 필요 없다. 도적은 나 스스로 초래한 것이다. 반란을 원망할 필요 없다. 반란은 내가 가르친 것이다. 화목이 없다면 어디서 원한이 생기며 상벌이 없다면 어디에서 다툼이 생기겠는가? 그러므로 대인은 가깝고 먼 구분을 하지 않고 사랑하고 미워하는 구분을 하지 않는다. 이것이 바로 큰 조화이다.

墨魚

海魚有吐墨水上庇其身而游者, 人因墨而漁之。夫智者多屈, 辯者多辱, 明者多蔽, 勇者多死。扃[1]鐍[2]固, 賊盜喜, 忌諱嚴, 敵國幸。禁[3]可以越者, 號也, 兵可以奪者, 符[4]也。蜀敗於山, 晋敗於馬。夫大人之機, 道德仁義而已矣。

1_경扃: 빗장.
2_휼鐍: 자물쇠 고리.
3_금禁: 규칙, 계율.
4_부符: 옛날 군대를 동원하는 표지로 쓰이던 발병부.

먹물을 뿜는 물고기

바다에 사는 물고기 중에 먹물을 내뿜으며 몸을 숨겨 돌아다니는 물고기가 있는데 사람은 먹물이 필요하기 때문에 그 고기를 잡으려 한다. 무릇 지혜로운 사람은 대부분 굴욕을 당하고, 말 잘하는 사람은 대부분 치욕을 당하며, 현명한 사람은 대부분 기만을 당하고, 용감한 자는 대부분 죽임을 당한다. 빗장의 자물쇠가 견고할수록 도적이 좋아하며, 꺼리고 싫어하는 것이 심할수록 적국은 기뻐한다. 법령을 어길 수 있는 것은 군대의 나팔이며 병사를 빼앗을 수 있는 것은 병부兵符이다. 촉蜀나라는 산으로 둘러싸였기 때문에 멸망했으며, 진晉나라는 날쌔고 용맹한 말 때문에 멸망했다. 무릇 대인의 가장 중요한 요소는 도덕과 인의일 뿐이다.

神弓

　譽人者人之譽, 謗人者人謗之, 是以君子能罪己, 斯[1]
罪人也, 不報怨[2], 斯報怨也。所謂神弓鬼矢, 不張而發,
不注而中。天得之以假人, 人得之以假天下。

1_사斯: 이에, 곧.
2_보원報怨: 한을 풀다. 증오하는 사람에게 어떤 행동을 하다.

신비한 활

　사람을 칭찬하는 자는 사람의 칭찬을 들으며 사람을 비방하는 자는 사람의 비방을 듣는다. 그러므로 군자는 자신을 탓하는 것이 곧 남을 탓하는 것이라 여기며 원한을 갚지 않는 것이 곧 원한을 갚는 것이라 여긴다. 신비로운 활과 귀신같은 화살은 활시위를 당기지 않아도 쏠 수 있고 조준하지 않아도 명중할 수 있다. 하늘이 그것을 얻으면 사람을 통제할 수 있고 사람이 그것을 얻으면 천하를 통제할 수 있다.

救物

救[1]物而稱義者, 人不義之, 行惠而求報者, 人不報
之。民之情也, 讓之則多, 爭之則少, 就之則去, 避之
則來, 與之則輕, 惜之則奪。是故大義無狀, 大恩無
象。大義成, 不知者荷[2]之, 大恩就, 不識者報之。

1_구救: 돕다. 구조하다.
2_하荷: 감하感荷, 은혜에 감사하다.

물질적 도움

　물질적인 도움을 주면서 의로운 행위라 말하면 사람들은 의로운 행위라 여기지 않으며, 은혜를 베풀면서 보답을 바라면 사람들은 보답하지 않는다. 이것이 백성의 정서이다. 양보하면 많아지고 다투면 적어지며, 좇아가면 달아나고 회피하면 다가오며, 주려하면 가벼이 여기고 아까워하면 다툰다. 그러므로 큰 의로움은 구체적인 상태가 없고 큰 은혜는 구체적인 모습이 없다. 큰 의로움을 행하면 사람은 그 사실을 알지 못해도 감사하며 큰 은혜를 베풀면 사람은 그 사실을 깨닫지 못해도 보답한다.

書道

心不疑乎手, 手不疑乎筆, 忘手筆, 然後知書之道。和暢, 非巧也, 淳古, 非朴也, 柔弱, 非美也, 强梁, 非勇也。神之所浴[1], 氣之所沐[2]。是故點策[3]蓄血氣, 顧盼[4]含情性。無筆黑之跡, 無機智之狀, 無剛柔之容, 無馳騁之象。若皇帝之道熙熙然, 君子之風穆穆然。是故觀之者, 其心樂, 其神和, 其氣融, 其政太平, 其道無朕[5]。夫何故? 見山思靜, 見水思動, 見雲思變, 見石思貞, 人之常也。

1_욕욕浴: 목욕하다. 깨끗하게 하다.
2_목목沐: 씻다. 다스리다.
3_점책點策: 점을 찍고 글을 쓰다. 책策은 '적다', '쓰다'라는 의미가 있다.
4_고반顧盼: 주위를 살피다.
5_짐朕: 조짐. 전조. 징조.

서예의 도

마음은 손을 의심하지 않아야 하고 손은 붓을 의심하지 않아야 하며, 손과 붓을 잊어야 서예의 도를 알 수 있다. 온화하고 막힘없는 것이 기교가 아니다. 수수하고 고풍스러운 것이 소박한 것이 아니다. 부드럽고 약한 것이 아름다운 것이 아니다. 강하고 힘센 것이 용감한 것이 아니다. 정신을 수양하고 원기를 다스려야 한다. 글씨를 쓸 때 혈기를 모으고 주위를 살필 때 정성을 들이면 붓과 먹의 흔적이 없어지고, 기교와 지혜의 형상이 없어지고, 강하고 부드러운 모습이 없어지고, 여기저기 내달리는 징후가 없어진다. 마치 황제의 도와 같이 온화하고 즐거워지며 군자의 풍격과 같이 단정하고 평온해진다. 그러므로 이러한 것을 볼 수 있는 사람은 마음이 즐겁고, 정신이 온화하고, 원기가 융합하고, 정치가 안정되고, 그 도는 조짐이 없어진다. 어찌 그런가? 산을 보면 생각이 평온해지고, 물을 보면 생각이 동요하고, 구름을 보면 생각이 변하며, 돌을 보면 생각이 확고해지는 것이 사람의 일반적인 정서이기 때문이다.

鳳鴟

鳳不知美, 鴟不知惡, 陶唐氏[1]不知聖, 有苗氏[2]不知暴。使陶氏恃其聖, 非聖也, 有苗氏知其暴, 不暴也。衆人皆能寫人之形, 而不能寫己之形, 皆能求人之惡, 而不能求己之惡, 皆能知人之禍, 而不能知己之禍。是以大人聽我聲, 察我色, 候[3]我形, 伺[4]我氣, 然後知人之情僞[5]。

1_도당陶唐: 전설 속에 나오는 상고시대의 부족이며, 지도자가 요堯였다.

2_유묘有苗: 요堯, 순舜, 우禹 시대 중국 남방의 비교적 강대한 부족.

3_후候: 살피다. 관측하다. 탐색하다.

4_사伺: 살피다. 엿보다. 정찰하다.

5_정위情僞: 참됨과 거짓됨, 허실虛實을 가리킴.

봉황과 솔개

봉황은 자신이 아름답다는 것을 모르고 솔개는 자신이 흉악하다는 것을 모른다. 도당씨족은 자신들이 지혜롭다는 것을 모르고 유묘씨족은 자신들이 사납다는 것을 모른다. 만약 도당씨족이 자신들이 지혜롭다고 믿으면 바로 지혜롭지 않은 것이며 만약 유묘씨족이 자신들이 사납다고 알면 바로 사나운 것이 아니다. 사람들은 모두 타인의 형상을 묘사할 수 있지만 자신의 형상을 묘사할 수 없고, 타인의 결점을 들추어낼 수 있지만 자신의 결점을 들추어낼 수 없으며, 타인의 재앙을 알 수 있지만 자신의 재앙을 알 수 없다. 그러므로 대인은 자신의 소리에 귀를 기울이고, 자신의 혈색을 살피고, 자신의 형체를 관찰하고, 자신의 원기를 관리해야 한다. 그러한 이후에 사람들의 진실한 모습과 가식적인 모습을 알 수 있다.

知人

觀其文章, 則知其人之貴賤焉, 觀其書篆, 則知其人之情性焉, 聞其琴瑟, 則知其人之道德焉, 聞其教令, 則知其人之吉凶焉。小人由是知, 唐堯[1]之容淳淳然, 虞舜[2]之容熙熙然, 伯禹[3]之容蕩蕩然, 殷蕩[4]之容堂堂然, 文王[5]之容巍巍然, 武王[6]之容諤諤然, 仲尼之容皇皇然。則天下之人, 可以自知其愚與賢。

1_당요唐堯: 요임금.

2_우순虞舜: 순임금.

3_백우伯禹: 하나라의 우임금.

4_은탕殷蕩: 은나라의 탕왕.

5_문왕文王: 주나라의 문왕.

6_무왕武王: 주나라의 무왕.

사람을 앎

문장을 보면 그 사람의 신분을 알 수 있고, 서체를 보면 그 사람의 성정을 알 수 있고, 거문고 소리를 들으면 그 사람의 도덕을 알 수 있으며, 그 나라의 법령을 들으면 그 나라 사람의 운명을 알 수 있다. 소인이 이로써 알 수 있는 것은 요임금 시대의 모습은 순박했고, 순임금 시대의 모습은 화목했고, 우임금시대의 모습은 평탄했고, 탕왕시대의 모습은 당당했고, 문왕시대의 모습은 웅장했고, 무왕시대의 모습은 강직했으며, 공자시대의 모습은 흉흉했다. 그러므로 세상 사람들은 자신이 어리석은지 현명한지 알 수 있는 것이다.

螻蟻

螻蟻之有君也, 一拳之宮, 與衆處之, 一塊之臺[1], 與
衆臨[2]之, 一粒之食, 與衆蓄之, 一蟲之肉, 與衆咂[3]之,
一罪之疑, 與衆戮之。故得心相通而後神相通。神相
通而後氣相通, 氣相通而後形相通。故我病則衆病,
我痛則衆痛, 怨何由起, 叛何由始? 斯太古之化也。

1_대臺: 누대樓臺, 성문.
2_임臨: 다스리다. 지키다.
3_잡咂: 맛보다. 음미하다.

땅강아지와 개미

땅강아지와 개미도 군주가 있다. 그들의 군주는 한주먹 크기의 궁전이라도 모두와 함께 지내고, 하나의 작은 누각이라도 모두와 함께 지키고, 한 알의 곡식이라도 모두와 함께 저장하고, 한 덩이의 고기라도 모두와 함께 맛을 보며, 하나의 죄가 의심되면 모두와 함께 처벌한다. 마음이 통한 후에 정신이 통하고, 정신이 통한 후에 원기가 통하며, 원기가 통한 후에 형체가 통한다. 내가 아프면 모두가 아프고 내가 고통스러우면 모두가 고통스러운데 원한이 어찌 생겨나며 반란이 어찌 일어나겠는가? 이것은 모두 태고시대의 교화이다.

歌舞

能歌者不能者聽之, 能舞者不能者觀之, 巧者不巧者辨之, 賢者不賢者任之。夫養木者必將伐之, 待士者必將死之。綱之以冠冕[1], 釣之以爵祿。若馬駕車鞁, 貴不我得, 彘食糟糠[2], 肥不我有。是以大人道不虛貴, 德不虛守[3], 貧有所倚, 進[4]有所恃。退者非樂寒賤[5], 而甘委棄[6]。

1_관면冠冕: 예전에 버슬하는 것을 이르던 말.

2_조강糟糠: 지게미와 쌀겨.

3_수守: 직무, 직책.

4_진進: 나아가 버슬하다.

5_한천寒賤: 가난하고 비천함.

6_위기委棄: 맡아 돌보아야 할 사람이나 사물을 돌보지 않고 내버려둠.

노래와 춤

노래를 잘 부르면 노래를 부르지 못하는 사람이 그 노래를 듣고, 춤을 잘 추면 춤을 추지 못하는 사람이 그 춤을 보고, 기교가 좋은 사람은 기교가 서투른 사람이 그 기교를 판단하며, 어진 사람은 어질지 않는 사람이 그를 부린다. 무릇 나무를 기르는 자는 반드시 나무를 자르고 무사를 우대하는 자는 반드시 그를 죽인다. 벼슬이 그물이 되어 그들을 사로잡고 봉록이 미끼가 되어 그들이 걸려들게 한다. 마치 수레를 끄는 말은 비록 고귀하지만 내가 얻을 수 없는 것이고 지게미와 쌀겨를 먹은 돼지는 통통하지만 내가 가질 수 없는 것과 같다. 그러므로 대인의 도는 쓸모없는 부귀를 추구하지 않고, 대인의 덕은 쓸모없는 직위를 추구하지 않으며, 빈곤할 때 의지하는 곳이 있고, 나아가 벼슬할 때 믿는 곳이 있으며, 물러나서는 비천함을 즐기는 것이 아니라 기꺼이 내버려두는 것이다.

躑躅

躑躅[1]之酒, 鳥烏啄之脯, 莨蕩[2]之膏, 冶葛[3]之乳。初嗷之若芥, 再嗷之若黍, 復嗷之若丸, 又嗷之若脯。小人由是知, 彊弩可以漸引, 巨鼎可以漸擧, 水火可以漸習, 虎兕可以漸侶。逆者我所化, 辱者我所與, 不應者我所命, 不臣者我所取。所以信, 柔馬不可馭, 漸賊不可禦。得之以爲萬化之母。

1_척촉躑躅: 진달래.
2_랑탕莨蕩: 이리 고기와 딸기, 후추 등의 재료를 썩어 만든 즙.
3_야갈冶葛: 단장초.

진달래

　진달래로 담근 술, 까마귀가 쪼아 먹다 남겨놓은 고기, 이리 고기로 만든 기름, 단장초로 만든 즙은 처음 먹을 때 겨자 맛이 나지만 두 번째 먹으면 기장 맛이 나고 세 번째 먹으면 완자 맛이 나며 네 번째 먹으면 말린 고기 맛이 난다. 소인이 이로써 알 수 있는 것은, 강한 석궁은 점점 당길 수 있고, 거대한 솥은 점점 들 수 있고, 물과 불은 점점 익숙해지며, 범과 들소는 점점 길들일 수 있다. 배반한 자는 내가 교화할 수 있고, 욕하는 자는 내가 한편이 되게 할 수 있고, 복종하지 않는 자는 내가 복종하게 할 수 있으며, 섬기지 않는 자는 내가 따르게 할 수 있다. 그래서 점점 약해지는 말은 부릴 수 없고 점점 늘어나는 도적은 막을 수 없다는 것을 믿을 수 있다. 이처럼 점점 변화하는 도를 이해하면 만물이 변화하는 근원을 알 수 있다.

止鬪

止人之鬪者使其鬪, 抑[1]人之忿者使其忿, 善救[2]鬪者預其鬪, 善解忿者濟[3]其忿。是故心不可伏, 而伏之愈亂, 民不可理, 而理之愈怨。水易動而自清, 民易變而自平。其道也在不逆萬物之情。

1_억抑: 억누르다. 가라앉히다.
2_구救: 막다. 금지하다.
3_제濟: 더하다.

싸움을 말림

사람들의 싸움을 말리는 자는 먼저 사람들이 싸우게 해야 하며, 사람들의 분노를 가라앉히는 자는 먼저 사람들이 분노하게 해야 한다. 싸움을 잘 막는 사람은 싸움에 관여해야 하며 분노를 잘 가라앉히는 사람은 분노를 부추겨야 한다. 그러므로 사람의 마음은 굴복시키려 해서 안 된다 굴복시키려 할수록 더욱더 반역한다. 백성은 다스리려 해서 안 된다. 다스리려 할수록 더욱더 불평한다. 물은 잘 흐르기 때문에 스스로 깨끗해지는 것이며, 백성은 잘 변하기 때문에 스스로 평온해 진다. 그 도리는 바로 만물의 본성을 거스르지 않는데 있다.

象符

術有降萬物之蘊毒者, 則交臂鉤指, 象之爲符。 是故若天矯[1]之勢者鱗之符, 若飛勝之勢者羽之符, 若偃蹇[2]之勢者毛之符, 若拳跼之勢者介之符, 所以知拱折者人之符。 夫拱手者, 人必拱之, 折腰者, 人必折之, 禮之本也。 而疏[3]之爲萬象, 別之爲萬態。 敎之蹈舞, 非蹈舞也, 使之禱祝, 非禱祝也, 我旣寡實, 彼亦多虛。 而責人之無情, 固無情也, 而罪禮之無驗, 固無驗也。

1_ 요교天矯: 구불구불하고 기세 있는 모양, 굽혔다 폈다 마음대로 되는 모양.
2_ 언건偃蹇: 오만하다. 거만하다.
3_ 소疏: 가르다. 분산하다.

부적의 형태

도술에서 만물이 품고 있는 독을 제압하는 자는 팔을 교차하고 손가락을 구부리는 형태를 부적으로 삼는다. 힘찬 기세를 상징하는 물고기 비늘을 부적으로 삼고, 날아오르는 기세를 상징하는 새의 깃털을 부적으로 삼고, 거만한 기세를 상징하는 동물의 털을 부적으로 삼고, 위축되는 기세를 상징하는 조개의 껍데기를 부적으로 삼는데, 두 손을 맞잡고 허리를 굽히는 예는 사람을 움직이는 부적이라는 것을 알 수 있다. 무릇 사람들에게 두 손을 맞잡고 인사하면 사람들 또한 반드시 두 손을 맞잡고 인사하며, 사람들에게 허리 굽혀 인사하면 사람들 또한 반드시 허리 굽혀 인사하는 것이 예의 근본이다. 예는 나누면 수많은 형상이 되고 구별하면 수많은 형태가 된다. 사람에게 춤을 추라고 하면 춤이 아니며 사람에게 기원해라고 하면 기원이 아니다. 내가 진실함이 부족하면 다른 사람 또한 가식적인 마음이 많다. 다른 사람이 무정하다고 책망하는 것은 자신이 본래 무정한 것이며 다른 사람이 예의를 갖추지 않는다고 나무라는 것은 자신이 본래 예의를 갖추지 않는 것이다.

善惡

爲惡者畏人識, 必有識者, 爲善者慾人知, 必有不知者。是故人不識者, 謂之大惡, 人不知者, 謂之至善。好行惠者恩不廣, 務奇特者功不大, 善博奕[1]者智不遠, 文綺麗者名不久。是以君子惟道是貴, 惟德自守, 所以能萬世不朽。

1_박혁博奕: 장기와 바둑을 아울러 이르는 말.
2_무務: 힘쓰다. 향하다.

선과 악

악한 행위를 하는 자는 사람들이 알까 두려워하지만 반드시 누군가 알게 되며, 착한 행위를 하는 자는 사람들이 알아주었음 하지만 반드시 사람들이 알아주지 않는다. 악한 일을 했는데 사람들이 알지 못하는 것을 큰 악이라 하며 선한 일을 했는데 사람들이 알지 못하는 것을 지극한 선이라 한다. 은혜를 잘 베푸는 자는 은혜를 널리 베풀지 못하고, 특별한 것을 추구하는 자는 공적을 크게 이루지 못하고, 장기를 잘 두는 자는 지혜를 깊이 사용하지 못하며, 문장이 화려한 자는 이름이 오래가지 못한다. 군자는 오직 도를 귀하게 여기고 오직 덕을 스스로 지키므로 오랫동안 잊히지 아니한다.

05

식화食化

七奪

一日不食則憊, 二日不食則病, 三日不食則死。民事之急, 無甚於食, 而王者奪其一, 卿士奪其一, 兵吏奪其一, 戰伐[1]奪其一, 工藝奪其一, 商賈[2]奪其一, 道釋之族奪其一, 稔亦奪其一, 儉亦奪其一。所以蠶告終而繰葛苧之衣, 稼云畢而飯橡栎之實。王者之刑理不平, 斯不平之甚也, 大人之道救不義, 斯不義之甚也。而行切切之仁, 用感感之禮, 其何以謝[3]之哉!

1_전벌戰伐: 싸워서 침.
2_상고商賈: 이윤을 목적으로 물건을 파는 것을 업으로 하는 사람.
3_사謝: 사과하다. 사죄하다. 갚다. 보상하다.

일곱 가지 약탈

하루를 먹지 않으면 피로하고, 이틀을 먹지 않으면 병이 나며, 삼일을 먹지 않으면 사망한다. 백성의 일 가운데 음식보다 절박한 것은 없다. 그러나 왕이 한번 약탈하고, 벼슬아치가 한번 약탈하고, 말단관리가 한번 약탈하고, 전쟁이 일어나 한번 약탈하고, 예술이 한번 약탈하고, 장사꾼이 한번 약탈하고, 도교와 불교의 무리가 한번 약탈하고, 풍년일 때 한번 약탈하고, 흉년일 때 한번 약탈한다. 그래서 누에가 없어 거친 모시로 옷을 만들고 양식이 없어 상수리나무 열매로 허기를 달랜다. 왕의 형벌은 공평하지 않게 적용되며, 매우 심하게 공평하지 않다. 대인의 도는 의롭지 않은 것을 추구하며, 매우 심하게 의롭지 않다. 따라서 진실한 인을 행하고 친밀한 예를 사용한들 어찌 죄를 씻을 수 있겠는가?

巫像

爲巫者鬼必附之, 設像者神必主之, 蓋樂所饗也。
戎羯[1]之禮, 事母而不事父, 禽獸之情, 隨母而不隨父,
凡人之痛, 呼母而不呼父, 蓋乳哺之敎也。虎狼不過
於嗜肉, 蛟龍[2]不過於嗜血, 而人無所不嗜。所以不足
則鬪, 不與則叛, 鼓天下之怨, 激烈士之忿。食之道非
細也。

1_융갈戎羯: 융족과 갈족, 고대의 부족 이름으로 중국 서북쪽의 소수민족
   을 광범위하게 일컫는 말이다.
2_교룡蛟龍: 모양이 뱀과 같고 몸의 길이가 한 길이 넘으며 넓적한 네발
   이 있다는 상상의 동물이다.

무당과 신상

  무속을 행하는 자는 귀신이 반드시 그의 몸에 붙고 신상을 설치하는 자는 신이 반드시 그를 주재한다. 이는 악기가 소리를 내는 것과 같다. 융戎족과 갈羯족의 예는 어머니를 섬기고 아버지를 섬기지 않는다. 금수의 정은 어미를 따르고 아비를 따르지 않는다. 무릇 사람들은 아플 때 어머니를 부르지 아버지를 부르지 않는다. 이는 어머니가 젖을 먹이며 가르쳤기 때문이다. 범과 이리는 고기를 좋아할 뿐이고 교룡은 피를 좋아할 뿐이지만 사람은 좋아하지 않는 것이 없다. 그래서 부족하면 싸우고 얻지 못하면 반란을 일으키며, 천하의 원한을 부추기고 열사의 분노를 불러일으킨다. 먹을거리의 도는 결코 소홀히 할 수 없다.

養馬

養馬者主, 而牧之者親, 養子者母, 而乳之者親.
君臣非所比[1], 而比之者祿也, 子母非所愛, 而愛之者
哺也. 駑馬本無知, 嬰兒本無機, 而知由此始, 機由
此起. 所以有愛惡, 所以有彼此, 所以稔[2]鬪爭而蓄
姦詭.

1_비比: 따르다. 친하다. 가까이 지내다.
2_임稔: 오래 쌓이다. 누적되다.

말을 기름

말을 기르는 자가 주인이지만 말을 치는 자가 가장 가까운 사람이다. 아이를 기르는 자가 어미이지만 젖을 먹이는 자가 가장 가까운 사람이다. 군주와 신하가 가까이 지내는 이유가 있는 것이 아니라 녹봉을 주기 때문에 가까이 지내는 것이다. 아이가 어미를 사랑하는 이유가 있는 것이 아니라 젖을 먹이기 때문에 사랑하는 것이다. 둔한 말은 본래 지혜가 없고 어린아이는 본래 기지가 없으나 지혜가 여기에서 시작하고 기지가 여기에서 일어난다. 이로 인해 사랑하고 미워하는 분별이 생기고, 너와 나의 분별이 생기며, 투쟁이 계속되고 음모와 간계가 쌓이는 것이다.

絲綸

　王取其絲, 吏取其綸, 王取其綸, 吏取其綍。取之不已, 至於欺罔, 欺罔不已, 至於鞭撻, 鞭撻不已, 至於盜竊, 盜竊不已, 至於殺害, 殺害不已, 至於刑戮。欺罔非民愛而哀斂者教之, 殺害非民愿而鞭撻者訓之。且夫火將逼而投於水, 知必不免, 且貴[1]其緩, 虎將噬而投於谷, 知必不可, 或覬[2]其生。以斯爲類, 悲哉。

1_귀貴: 바라다.
2_기覬: 바라다. 희망하다.

명주와 실

왕이 명주를 탈취하면 관리는 실을 탈취하고 왕이 실을 탈취하면 관리는 새끼줄을 탈취한다. 탈취가 끊이지 않으면 속이는 일이 나타나고, 속이는 일이 끊이지 않으면 벌로 다스리는 일이 나타난다. 벌로 다스리는 일이 끊이지 않으면 도둑질이 나타나고, 도둑질이 끊이지 않으면 사람을 죽이는 일이 나타나며, 사람을 죽이는 일이 끊이지 않으면 형벌로 처형하는 일이 나타난다. 속이는 일은 백성이 좋아서 하는 것이 아니라 백성의 재산을 착취하는 사람이 가르치는 것이며, 사람을 죽이는 일은 백성이 원해서 하는 것이 아니라 백성을 처벌하는 사람이 가르치는 것이다. 무릇 불이 가까이 오면 물속에 뛰어드는 것은 반드시 죽는다는 것을 알지만 어느 정도 시간을 벌 수 있다는 기대 때문이며, 호랑이가 물려고 하면 계곡에 뛰어내리는 것은 반드시 죽는다는 것을 알지만 혹시 살 수 있다는 희망 때문이다. 이러한 상황과 앞의 상황이 유사하니 그 얼마나 슬픈 일인가!

奢僭

夫君子不肯告人以飢, 恥之甚也。 又不肯矜[1]人以
飽, 愧之甚也。 旣起人之恥愧, 必激人之怨咎, 食之害
也如是。 而金籩[2]玉笠, 食之飾也, 鼓鐘簨虡, 食之游
也, 張組設繡, 食之惑也, 窮禽竭獸, 食之暴也, 滋味
厚薄, 食之忿也, 貴賤精麤, 食之爭也。 慾之愈不止,
求之愈不已, 貧食愈不足, 富食愈不美。 所以奢僭由
茲而起, 戰伐由茲而始。 能均其食者, 天下可以治。

1_긍矜: 자랑하다.
2_변籩: 옛날 제사나 연회 때 과일을 담던 그릇.

사치

군자가 배고픔을 사람에게 알리지 않는 이유는 굶주리는 것을 큰 치욕으로 생각하기 때문이다. 또한 배부름을 사람에게 자랑하지 않는 이유는 배부른 것을 매우 부끄럽게 생각하기 때문이다. 사람에게 치욕스럽고 부끄러운 마음이 일어나면 반드시 사람의 원망과 증오를 불러일으킨다. 음식의 해로운 점 또한 이와 같다. 금으로 만든 그릇과 옥으로 만든 제기는 음식을 치장하기 위한 것이고, 북을 치고 악기를 두드리는 것은 음식을 즐기기 위한 것이며, 성대하게 차리고 화려하게 장식하는 것은 음식을 탐닉하기 위한 것이다. 날짐승이 없어지고 들짐승이 사라지면 음식으로 인한 폭동이 일어나고, 맛이 좋고 나쁜 차이가 있으면 음식으로 인한 분노가 일어나며, 귀하고 귀하지 않은 것, 정미하고 거친 것의 차이가 있으면 음식으로 인한 경쟁이 일어난다. 맛있고 귀하고 정미한 음식은 욕망할수록 만족하지 않고 추구할수록 그치지 않으며, 가난한 사람은 음식이 점점 모자라고 부유한 사람은 음식이 점점 맛이 없어진다. 사치는 여기에서 일어나고 전쟁은 여기에서 시작한다. 음식을 고르게 나누어야 천하를 잘 다스릴 수 있다.

燔骨

嚼燔骨[1]者, 燋脣爛舌不以爲痛, 飮醇酎[2]者, 喊腸嘔胃不以爲苦。 饞嗜者由忘於痛苦, 飢窘者必輕於性命。痛苦可忘, 無所不欺, 性命可輕, 無所不爲。是以主者以我慾求人之慾, 以我飢求人之飢。我怒民必怒, 我怨民必怨。能知其道者, 天下胡爲乎叛?

1_번골燔骨: 구운 갈비
2_순주醇酎: 순수하고 진한 술로 좋은 술을 가리킨다.
3_군군窘: 막히다. 고생하다.

구운 갈비

구운 갈비를 먹는 사람은 입술이 데이고 혀가 헐어도 아픔을 느끼지 않으며, 좋은 술을 마시는 사람은 속이 쓰리고 구토를 해도 고통을 느끼지 않는다. 지나치게 욕심이 많은 사람은 고통을 잊어버리고 지나치게 굶주린 자는 반드시 생명을 가벼이 여긴다. 고통을 잊은 사람은 속이지 못하는 일이 없고 생명을 가벼이 여기는 사람은 하지 못하는 일이 없다. 그러므로 군주는 나의 욕망을 미루어 백성의 욕망을 보살펴야 하며, 나의 굶주림을 미루어 백성의 굶주림을 보살펴야 한다. 군주가 분노하면 백성이 반드시 분노하며 군주가 불평하면 백성이 반드시 불평한다. 이러한 도리를 알면 천하에서 어찌 반란이 일어나겠는가?

食迷

民有嗜食而飽死者，有婪食而鯁死者，有感食而義
死者，有辱食而憤死者，有爭食而鬮死者，人或笑之。
殊不知，官所以務祿，祿所以務食，賈所以務財，財所
以務食。而官以矯佞讒讟[1]而律死者，賈以波濤江海而
溺死者，而不知所務之端，不知得死之由，而遷[2]怨於
輩流，歸咎於江海，食之迷也。

1_독讟: 헐뜯다. 비방하다.
2_천遷: 비방하다.

음식의 미혹

백성 가운데 먹을 것을 좋아해 배불러 죽은 사람, 먹을 것을 탐해 목 막혀 죽은 사람, 먹을 것에 감동해 의롭게 죽은 사람, 먹을 것에 모욕당해 열 받아 죽은 사람, 먹을 것을 빼앗기 위해 싸우다 죽은 사람이 있는데 아마도 사람들은 그들을 비웃을 것이다. 그들이 모르는 것은 관리가 녹봉을 받기위해 일하는 것은 녹봉을 음식으로 바꿀 수 있기 때문이며 상인이 재물을 모으기 위해 일하는 것은 재물을 음식으로 바꿀 수 있기 때문이다. 관리는 속이고 아첨하고 탐하고 비방하기 때문에 심판받아 죽고, 상인은 파도치는 강과 바다에서 빠져 죽는데 그들은 죽음에 이르러도 일하는 이유가 무엇인지 모르고 죽어야 하는 원인이 무엇인지 모르며, 관리는 동료를 비방하고 원망하며 상인은 강과 바다를 탓하는데, 이러한 것은 모두 음식의 미혹에 빠졌기 때문이다.

戰慾

食之慾也, 思鹽梅之狀, 則輒有所咽而不能禁, 見盤餚之盛, 則若所吞而不能遏。飢思啖牛, 渴思飲海。故慾之於人也如賊, 人之於慾也如戰。當戰之際, 錦繡珠玉不足爲富, 冠冕旌旗不足爲貴, 金石絲竹[1]不聞其音, 宮室臺榭[2]不見其麗。況民復常餒, 民情常迫, 而論以仁義, 其可信乎? 講以刑政, 其可畏乎?

1_사죽絲竹: 악기를 말하는 것으로 '사絲'는 현악기를 가리키고 '죽竹'은 관악기를 가리킨다.

2_태사臺榭: 누각과 정자이며, 주로 호화스러운 건물을 가리킨다.

전투 욕

음식에 대한 욕망은 짠맛과 신맛이 나는 음식을 생각하면 바로 군침이 넘어가는 것을 참지 못하고 쟁반에 맛있는 음식이 담겨있는 것을 보면 곧 군침이 넘어가는 것을 억누르지 못한다. 배가 고프면 소를 먹으려 하고 목이 마르면 바다를 마시려 한다. 그러므로 음식에 대한 욕망은 사람에게 도적과 같은 것이며, 사람은 음식에 대한 욕망에 대해 전투를 벌이는 것과 같다. 전투를 할 때는 비단과 주옥이 있더라도 부유하다 할 수 없고, 관모를 쓰고 깃발을 휘날리더라도 존귀하다 할 수 없으며, 악기를 연주하더라도 그 소리를 듣지 못하고, 호화로운 궁실이 있더라도 그 아름다움을 보지 못한다. 하물며 백성이 항상 굶주리고 백성의 마음이 항상 절박한데 인의로 설교한들 누가 믿겠는가? 형벌과 법령으로 위협한들 누가 두려워하겠는가?

膠竿

執膠竿捕黃雀, 黃雀從而噪之, 捧盤殽享烏鳥, 烏鳥從而告之。是知, 至暴者無所不異[1], 至食者無所不同。故蛇豕可以友而群, 虎兕可以狎而馴, 四夷[2]可以率而賓。異族猶若此, 況復人之人。

1_이異: 모반하다
2_사이四夷: 중국에서 한족 이외의 주변 민족을 부르던 말로 동이東夷, 서융西戎, 남만南蠻, 북적北狄을 통틀어 이르는 말이다.

끈끈이 장대

끈끈이를 칠한 장대를 잡고 참새를 잡으면 참새는 그를 따라다니며 시끄럽게 지저귀고, 음식이 담긴 그릇을 들고 까마귀를 대접하면 까마귀는 이 사실을 돌아다니며 알린다. 그래서 알 수 있는 것은 폭력을 사용하면 반항하지 않는 것이 없고 음식을 사용하면 함께하지 않는 것이 없다. 그러므로 뱀과 돼지 또한 친구가 되어 함께 지낼 수 있고, 호랑이와 들소 또한 잘 길들여 순종하게 할 수 있으며, 사방의 오랑캐 또한 잘 거느려 통치할 수 있다. 다른 민족도 이와 같은데 하물며 우리 민족 사람들은 어떠하겠는가?

庚辛

庚氏穴池, 構竹爲憑檻[1], 登之者其聲策策[2]焉。辛氏
穴池, 構木爲憑檻, 登之者其堂堂[3]焉。二氏俱牧魚於
池中, 每憑檻投飢, 魚必踊躍而出。他日但聞策策堂
堂之聲, 不投餌亦踊躍而出, 則是庚氏之魚可名策策,
辛氏之魚可名堂堂, 食之化也。

1_빙함憑檻: 기댈 수 있는 난간.
2_책책策策: 책책거리는 소리.
3_당당堂堂: 당당거리는 소리.

경씨와 신씨

경씨는 연못을 파고 대나무를 얽어 난간을 만들었는데 그곳에 올라가면 '책책' 소리가 난다. 신씨도 연못을 파고 나무를 얽어 난간을 만들었는데 그곳에 올라가면 '당당' 소리가 난다. 두 사람 모두 연못에서 물고기를 기르는데 매번 난간에 올라가 먹이를 주면 물고기가 반드시 뛰어오른다. 물고기가 매일 '책책', '당당'하는 소리만 들으면 먹이를 주지 않더라도 뛰어오르는 이유는 바로 경씨가 기르는 고기는 '책책'이라 부를 수 있고 신씨가 기르는 고기는 '당당'이라 부를 수 있기 때문이다. 이것은 바로 먹을 것으로 교화한 결과이다.

興亡

瘡者人之痛, 火者人之急, 而民喩飢謂之瘡, 比餓謂之火, 蓋情有所切也。夫鮑魚[1]與腐尸無異, 鮭鮺[2]與足垢無殊, 而人常食之。飽猶若是, 飢則可知。苟[3]其飢也無所不食, 苟其迫也無所不爲。斯所以爲興亡之機。

1_포어鮑魚: 절인 생선.
2_축이鮭鮺: 고기를 소금에 담가 만든 젓갈
3_구苟: 만약 ~한다면.

흥하고 망함

부스럼은 사람을 고통스럽게 하고 불은 사람을 초조하게 하는데 백성이 기근을 부스럼에 비유하고 굶주림을 불에 비유하는 이유는 정서가 절박함이 있기 때문이다. 절인 생선과 썩은 시체는 다르지 않고 젓갈과 밭의 때는 다르지 않은데 사람들이 항상 그러한 것을 먹는다. 배부를 때도 이와 같은데 굶주리면 어떻게 할지 알 수 있다. 만약 굶주리면 먹지 못하는 것이 없으며 만약 절박해지면 하지 못하는 것이 없다. 이것이 바로 나라가 흥하고 망하는 관건이다.

雀鼠

人所以惡雀鼠者, 謂其有攘竊[1]之行, 雀鼠所以疑人者, 謂其懷盜賊之心。夫上以食而辱下, 下以食而欺上, 上不得不惡下, 下不得不疑上, 各有所切[2]也。夫剜其肌, 啖其肉, 不得不哭, 扼其喉, 奪其哺, 不得不怒。民之瘠也由剜其肌, 民之餒也由奪其哺。嗚呼, 惜哉。

1_양절攘竊: 남의 것을 몰래 훔침.
2_절切: 절실함, 절박함.

참새와 쥐

사람은 참새와 쥐를 미워하기 때문에 그들이 도둑질 행위를 한다고 말하며, 참새와 쥐는 사람을 의심하기 때문에 그들이 약탈하는 마음을 가진다고 말한다. 무릇 윗사람은 먹을 것으로 아랫사람을 업신여기고 아랫사람은 먹을 것으로 윗사람을 기만하기 때문에 윗사람은 어쩔 수 없이 아랫사람을 미워하고 아랫사람은 어쩔 수 없이 윗사람을 의심하니 각자 절박한 마음이 있는 것이다. 무릇 근육을 도려내어 그 고기를 먹으면 울지 않을 수 없으며 목을 눌러 먹이를 빼앗으면 분노하지 않을 수 없다. 백성이 허약해지는 것은 근육을 도려내기 때문이며 백성이 굶주리는 것은 먹이를 빼앗기 때문이다. 아 애석하도다!

無爲

牛可使之駕, 馬可使之負, 犬可使之守, 鷹可使之擊, 蓋食有所感也。獼猴可使之舞, 鸚鵡可使之語, 鷗鳶可使之死鬪, 螻蟻可使之合戰, 蓋食有所教也。魚可使之吞鉤, 虎可使之入陷, 鴈可使之觸綱, 敵國可使之自援[1], 蓋食有所利也, 天地可使之交泰[2], 神明可使之扰[3]衛, 高尚可使之屈折, 夷狄可使之委伏, 蓋食有所奉也。故自天子至於庶人, 暨[4]乎萬族, 皆可以食而通之。我服布素則民自暖, 我食葵藿[5]則民自飽。善用其道者, 可以肩[6]無爲之化。

1_원원: 매달리다. 의지하다.
2_교태交泰: 통하다. "천지가 어우러져 하나로 통한다. 天地交泰"《주역》, 태괘泰卦는 64괘의 하나로 음양이 조화를 이루어 만사형통하는 상이다.
3_액扰: 돕다. 원조하다. 부조하다.
4_기暨: 이르다. 다다르다.
5_규곽葵藿: 푸성귀와 콩잎이란 뜻으로 소박한 음식을 가리킨다.
6_견肩: (일·책임 따위를) 맡다. 지다. 짊어지다.

무위

소가 수레를 끌도록 하고, 말이 짐을 지도록 하고, 개가 집을 지키도록 하고, 매가 사냥을 하도록 할 수 있는 것은 모두 먹을 것으로 길들였기 때문이다. 원숭이가 춤추게 하고, 앵무새가 말하게 하고, 솔개가 죽도록 싸우게 하고, 땅강아지와 개미가 맞붙어 싸우게 할 수 있는 것은 모두 먹을 것으로 훈련했기 때문이다. 물고기가 낚시 바늘을 삼키게 하고, 호랑이가 함정에 빠져들게 하고, 기러기가 그물에 걸려들게 하고, 적국이 저절로 의지하게 할 수 있는 것은 모두 먹을 것 방면에서 이로움을 주기 때문이다. 하늘과 땅이 통하게 하고, 신명이 보호하게 하고, 고상한 사람이 몸을 낮추게 하고, 오랑캐가 복종하게 할 수 있는 것은 먹을 것 방면에서 받드는 것이 있기 때문이다. 그러므로 천자에서 서인에 이르기까지, 모든 민족에 이르기까지 모두 먹을 것으로 소통할 수 있다. 내가 소박한 옷을 입으면 백성은 저절로 따뜻해지며 내가 소박한 음식을 먹으면 백성은 저절로 배부르게 된다. 이러한 도리를 잘 이용하는 자는 무위로 교화하는 책임을 질 수 있다.

王者

獵食者母, 分乳者子。全生者子, 觸綱者母。母不知
子之所累[1], 子不知母之所苦。王者衣纓[2]之費, 盤餚
之直[3], 歲不過乎百萬, 而封人之土地, 與人之富貴,
百萬之百萬。如咂王之肌, 如飮王之血。樂在於下, 怨
在於上, 利歸於衆, 咎歸於王。夫不自貴, 天下安敢貴,
不自富, 天下安敢富?

1_루累: 연루되다. 번거로움을 당하다.
2_의영衣纓: 의복과 갓끈이라는 뜻으로 여기서는 관료들이 입는 예복을
  말하는 것이다.
3_직直: 값, 품삯.

왕이라는 자

  먹이를 사냥하는 자는 어미이고 젖을 나누어 먹는 자는 아이이다. 온전하게 살아남는 자는 아이이며 그물에 걸리는 자는 어미이다. 어미는 아이 때문에 그물에 걸린다는 것을 알지 못하며 아이는 부모가 고통을 받는 이유를 알지 못한다. 왕이 예복에 쓰는 비용과 음식에 쓰는 비용은 일 년에 백만에 불과하지만 사람에게 나누어주는 토지와 사람에게 하사하는 재부는 백만의 백만 배이다. 이는 왕의 살을 파먹고 왕의 피를 빨아 마시는 것과 같다. 즐거움은 아랫사람이 누리고 원망은 왕이 들으며 이익은 사람들에게 돌아가고 허물은 왕에게 돌아간다. 왕 자신이 귀하지 않으면 천하의 누가 귀할 수 있으며 왕 자신이 부유하지 않으면 천하의 누가 부유할 수 있겠는가?

鴟鳶

有智者憫鴟鳶之擊腐鼠[1], 嗟螻蟻之駕斃蟲, 謂其爲蟲不若爲人。殊不知, 當歉歲[2]則爭臭斃之尸, 値[3]嚴圍[4]則食父子之肉。斯豺狼之所不忍爲, 而人爲之, 則其爲人不若爲蟲。是知, 君無食必不仁, 臣無食必不義, 士無食必不禮, 民無食必不智, 萬類無食必不信。是以, 食爲五常之本, 五常爲食之末。苟王者能均其衣, 能讓其食, 則黔黎[5]相悅, 仁之至也, 父子相愛, 義之至也, 飢飽相讓, 禮之至也, 進退相得, 智之至也, 許諾相從, 信之至也。敎之善也在於食, 敎之不善也在於食。其物甚卑, 其用甚尊, 其名尤細, 其化尤大。是謂無價之寶。

1_부서腐鼠: 썩은 쥐라는 뜻으로 작고 천한 물건이나 사람을 비유하는 말.
2_겸세歉歲: 흉년
3_치値: 만나다. 당하다.

4_엄위嚴圍: 혹독한 추위가 겹겹이 둘러싼다는 말로 혹한이 계속되는 것을 비유하는 말.

5_검려黔黎: 머리에 아무것도 쓰지 않은 검은 맨머리라는 뜻으로 관직에 있지 않은 일반 백성을 비유하는 말.

올빼미와 솔개

지혜로운 자는 작은 쥐를 공격하는 올빼미와 솔개를 불쌍히 여기고 죽은 벌레를 운반하는 땅강아지와 개미를 탄식하며 벌레가 되는 것은 사람이 되는 것보다 못하다고 말한다. 그들이 모르는 것은 흉년이 되면 구린내 나는 시체를 쟁탈하고 혹한이 계속되면 부모와 자식의 고기를 먹게 된다. 승냥이와 이리도 차마 하지 못하는 일을 사람이 하게 되니 사람이 되는 것은 벌레가 되는 것보다 못하다. 그래서 알 수 있는 것은 군주가 먹을거리가 없으면 반드시 어짊이 없어지고, 신하가 먹을거리가 없으면 반드시 의로움이 없어지고, 사대부가 먹을거리가 없으면 반드시 예의가 없어지고, 백성이 먹을거리가 없으면 반드시 지혜가 없어지며, 모든 사람이 먹을거리가 없으면 반드시 믿음이 없어진다. 그러므로 먹을거리가 오상의 근본이며 오상은 먹을거리의 말단이다. 만약 왕이 의복을 고르게 나누어 주고 먹을거리를 양보하면 백성은 서로 기뻐해 어짊이 지극해지고, 부모와 자식이 서로 사랑하면 의로움이 지극해지며, 배가 고플 때나 부를 때나 서로 양보하면 예의가 지극해 지고, 나아갈 때와 물러날 때를 서로 알면 지혜로움이 지극해지며, 약속하고 받아들이는 것을 서로 따르면 믿음이 지극해진다. 백성을 교화하는 가장 좋은 방법은 먹을거리에 있으며 백성을 교화하는 가장 나쁜 방법 역시 먹을거리에 있다. 먹을거리는 물건으로는 매우 보잘것없지만 그것의 작용은 매우 고귀하며, 그것의 이름은 매우 자잘하지만 만물을 변화시키는 작용은 매우 크니 가치를 따질 수 없는 보물이라 할 수 있다.

06

검화儉化

太平

夫水火, 常用之物, 用之不得其道, 以至於敗家, 蓋失[1]於不簡也。飲饌, 常食之物, 食之不得其道, 以至於亡身, 蓋失於不節也。夫禮失於奢, 樂失於淫。奢淫若水, 去不復返, 議懲救之, 莫過乎儉。儉者, 均食之道也。食均則仁義生, 仁義生則禮樂序, 禮樂序則民不怨, 民不怨則神不怨, 太平之業[2]也。

1_실失: 잘못, 착오.
2_업業: 기초, 시작.

태평

　물과 불은 늘 사용하는 것이지만 올바르게 사용하지 않으면 집안을 망치게 되는 이유는 사용하는 방법이 간단하지 않는데 문제가 있기 때문이다. 음식은 늘 먹는 것이지만 올바르게 먹지 않으면 몸을 해치는 이유는 절제하지 않는데 문제가 있기 때문이다. 예절은 사치스러운데 문제가 있고 음악은 방탕한데 문제가 있다. 사치스러운 것과 방탕한 것은 마치 물과 같아 한번 지나가면 다시 되돌릴 수 없으니 그것을 고치려면 가장 좋은 방법은 절약하는 것이다. 절약은 음식을 고르게 나누는 방법이다. 음식이 고르게 나누어지면 인의가 나타나고, 인의가 나타나면 예악이 바로서고, 예악이 바로서면 백성이 불평하지 않고, 백성이 불평하지 않으면 신이 노하지 않으니 이것이 바로 태평의 시작이다.

權衡

服絺綌[1]者不寒, 而衣之布帛愈寒, 食藜藿[2]者不飢, 而飯之黍稷[3]愈飢。是故我之情也, 不可不慮, 民之心也, 不可不防。凡民之心, 見負石者則樂於負塗, 見負塗者則樂於負芻[4]。飢寒無實狀, 輕重無必然, 皆豐儉相形[5], 彼我相平, 我心重則民心重, 我負輕則民負輕。能至於儉者, 可以與民爲權衡[6]。

1_치격絺綌: 칡의 섬유로 짠 베 중에서 발이 고운 갈포와 굵은 갈포.
2_여곽藜藿: 명아주 잎과 콩잎이라는 뜻으로, 변변치 못한 거친 음식을 이르는 말.
3_서직黍稷: 기장과 피를 아울러 이르는 말.
4_추芻: 가축에게 먹이는 풀.
5_상형相形: 서로 비교하다.　　형形: 비교하다. 대조하다. 대비하다.
6_권형權衡: 무게를 달다. 가늠하다. 평가하다.

저울

갈포 옷을 입으면 추위를 느끼지 않고 비단 옷을 입으면 점점 추위를 느낀다. 거친 음식을 먹으면 배고픔을 느끼지 않고 오곡을 먹으면 점점 배고픔을 느낀다. 그러므로 나의 정서는 생각하지 않을 수 없고 백성의 마음은 대비하지 않을 수 없다. 백성의 마음은 돌을 짊어지고 있는 사람을 보면 자신이 흙을 짊어지고 있는 것에 즐거워하며, 흙을 짊어지고 있는 사람을 보면 자신이 풀을 짊어지고 있는 것에 즐거워한다. 배고프고 추운 것은 실제적인 상태가 없고 가볍고 무거운 것은 필연적인 것이 아니며 모두 많고 적음을 비교함으로 인해, 너와 나를 비교함으로 인해 결정된다. 나의 마음이 무거우면 백성의 마음도 무거우며 나의 짐이 가벼우면 백성의 짐 또한 가볍다. 능히 절약할 수 있는 자가 백성을 다스릴 수 있다.

禮道

禮貴於盛, 儉貴於不盛, 禮貴於備, 儉貴於不備, 禮貴於簪紱[1], 儉貴於布素[2], 禮貴於炳煥, 儉貴於寂寞。富而富之愈不樂, 貴而貴之愈不美, 賞而賞之愈不足, 愛而愛之愈不敬。金玉者, 富之常, 官爵者, 貴之常。渴飲則甘, 飢食則香。夫惟儉, 所以能知非常。

1_잠불簪紱: 고대 관원의 의복과 장신구.

2_포의소복布衣素服: 포布는 재질을 가리키는 것이고 소素는 색깔을 가리키는 것이며, 검소하고 소박한 옷을 입은 것을 의미한다.

예의 도

예가 중시하는 것은 성대한 것이며 절약이 중시하는 것은 성대하지 않는 것이다. 예가 중시하는 것은 갖추는 것이며 절약이 중시하는 것은 갖추지 않는 것이다. 예가 중시하는 것은 사치스러운 것이며 절약이 중시하는 것은 검소한 것이다. 예가 중시하는 것은 화려한 것이며 절약이 중시하는 것은 편안한 것이다. 부는 부유할수록 즐거움을 느끼지 못하고, 귀한 것은 귀할수록 아름다움을 느끼지 못하고, 상은 상을 받을수록 만족하지 못하며, 사랑은 사랑할수록 공경 받지 못한다. 금과 옥은 부유한 사람에게 대수롭지 않은 것이며, 벼슬은 신분이 높은 사람에게 대수롭지 않은 것이다. 목이 마를 때 물을 마시면 달고 배가 고플 때 음식을 먹으면 맛이 좋다. 오직 절약해야만 특별함을 알 수 있다.

食象

觀食象者食牛不足, 觀戴冕[1]者戴冠[2]不足。不足有
所自, 不廉有所始。是知, 王好奢則臣不足, 臣好奢則
士不足, 士好奢則民不足, 民好奢則天下不足。夫天下
之物十之, 王好一, 民亦一, 王好五, 民亦五, 王好十,
民亦十。以十論之, 則是十家爲一家, 十國爲一國, 十
天下爲一天下,[3] 何不弊之有!

1_면冕: 고대에 천자, 제후, 대부 등의 관료가 쓰던 예모.
2_관冠: 고대에 일반 귀족이 쓰던 예모.
3_천하위일천하天下爲一天下: 세상을 하나로 간주해서 가지려 한다는 의
　미이다.

코끼리를 먹음

코끼리를 먹는 것을 보면 소를 먹는 것에 만족하지 않고 왕관을 쓴 것을 보면 관모를 쓰는 것에 만족하지 않는다. 만족하지 않는 심리가 나타나면 청렴하지 않는 일이 시작된다. 그래서 알 수 있는 것은 왕이 사치를 좋아하면 신하가 만족하지 않고, 신하가 사치를 좋아하면 사대부가 만족하지 않고, 사대부가 사치를 좋아하면 백성이 만족하지 않으며, 백성이 사치를 좋아하면 천하가 만족하지 않는다. 천하의 사물을 10개로 나누었을 때 왕이 1개를 좋아하면 백성 또한 1개를 좋아하고, 왕이 5개를 좋아하면 백성 또한 5개를 좋아하며, 왕이 10개를 좋아하면 백성 또한 10개를 좋아한다. 다시 10으로 이야기하면, 사람들이 모두 10가정을 1가정으로 생각하고, 10국가를 1국가로 생각하고, 10천하를 1천하로 생각해서 10개를 모두 얻으려 한다면 어찌 폐단이 없을 수 있겠는가!

民情

其夫好飲酒者, 其妻必貧。其子好臂鷹[1]者, 其家必困。剩養一仆, 日飯三甌, 歲計千甌。以一歲計之, 可享千兵。王者歲率是享, 則必告勞而聚怨, 病在於增不在於損。王駕牛車, 民驕於行, 王居士陛, 民恥於平。杜之於漸, 化之於儉。所以見葛藟[2]不足者, 則樂然服布素之衣, 見窳[3]杯而食者, 則欣然用陶匏之器, 民之情也。

1_비응臂鷹: 고대에 밖으로 나가 사냥을 하거나 즐겁게 노는 것을 가리킴.

2_류藟: 등나무, 덩굴.

3_유窳: 조잡하고 열등하다. 거칠고 나쁘다.

백성의 정서

남편이 음주를 좋아하면 아내는 반드시 가난해지고 자식이 노는 것을 좋아하면 가정은 반드시 어려워진다. 노비 한명을 더 먹여 살리려면 매일 밥 세 그릇이 필요하고 한 해에 천 그릇이 필요하다. 1년으로 계산하면 천명의 병사를 먹일 수 있는 양이다. 왕이 매년 수많은 사람을 거느리고 음식을 주면 반드시 어떤 사람이 피로함을 호소하게 되고 그들의 원한을 사게 된다. 폐단은 소비가 증가하는데 있는 것이지 감소하는데 있는 것이 아니다. 왕이 달구지를 타면 백성은 걸어 다니는 것을 자랑스럽게 여기며, 왕이 대궐에 살면 백성은 평범한 집에 사는 것을 부끄러워한다. 폐단을 방비하는 것은 미세한 일에서 시작해야 하며 변화는 절약하는 것에서 시작해야 한다. 갈포 옷을 보고 만족하지 못하는 자는 무명 옷을 입는 것에 기뻐하며, 조잡한 그릇으로 음식을 먹는 자를 보면 자기그릇을 사용하는 것에 기뻐하는 것이 백성의 정서이다.

慳號

世有慳[1]號者, 人以爲大辱, 殊不知始得爲純儉之道也。於己無所與, 於民無所取[2]。我耕我食, 我蠶[3]我衣。妻子不寒, 婢僕不飢。人不怨之, 神不罪之。故一人知儉則一家富, 王者知儉則天下富。

1_간慳: 아끼다. 쩨쩨하다.
2_취取: 취하다. 요구하다.
3_잠蠶: 누에, 누에치다.

구두쇠라 부르는 자

　세상에 구두쇠라 부르는 자가 있는데 사람들은 그를 매우 치욕스럽게 생각한다. 그러나 사람들은 그가 이미 순수한 절약의 도를 얻었다는 것을 모른다. 구두쇠는 자신에게 주는 것도 없고 사람에게 요구하는 것도 없다. 내가 밭을 갈아 내가 먹고, 내가 누에를 쳐 내가 옷을 만들어 입는다. 아내가 추위에 떨지 않고 노비가 굶주리지 않는다. 사람들은 그를 원망하지 않으며 신선 또한 그를 탓하지 않는다. 그러므로 한 사람이 절약할 줄 알면 한 가정이 부유해지고 왕이 절약할 줄 알면 세상이 부유해진다.

君民

君之於民, 異名而同愛。君樂馳騁, 民亦樂之, 君喜聲色, 民亦喜之, 君好珠玉, 民亦好之, 君嗜滋味, 民亦嗜之。其名則異, 其愛則同。所以服布素者, 愛士之簪組[1], 服士之簪組者, 愛公卿之劍佩[2], 服公卿之劍佩者, 愛王者之旒冕, 是故王者居兆民所愛之地, 不得不慮也。況金根玉輅奪其貨, 高台崇榭奪其力, 是賈[3]民之怨, 是教民之愛。所以積薪聚米, 一歲之計, 而易金換玉, 一日之費, 不得不困, 不得不儉。

1_잠조簪組: 갓과 띠.
2_검패劍佩: 칼과 패.
3_고賈: 일으키다. 야기하다. 초래하다.

군주와 백성

  군주와 백성은 이름은 다르지만 좋아하는 것은 같다. 군주가 말 타고 달리는 것을 즐기면 백성 또한 그것을 즐기고, 군주가 음악과 여색을 좋아하면 백성 또한 그것을 좋아하고, 군주가 아름답고 귀한 것을 좋아하면 백성 또한 그것을 좋아하며, 군주가 맛있는 음식을 좋아하면 백성 또한 그것을 좋아한다. 이름은 다르지만 좋아하는 것은 같다. 무명옷을 입은 사람은 사대부의 관모와 띠를 좋아하고, 사대부의 관모와 띠를 걸치고 있는 사람은 공경대부의 칼과 패를 좋아하며, 공경대부의 칼과 패를 차고 있는 사람은 왕의 왕관을 좋아한다. 왕은 만백성이 가장 좋아하는 직위에 있으므로 걱정하지 않을 수 없다. 하물며 금, 은, 옥으로 장식한 수레는 백성의 재물을 약탈해 얻은 것이고 우뚝 솟은 궁전은 백성의 노동력을 착취해 세운 것이니 이러한 점이 백성의 원한을 초래하고 백성이 그러한 것을 좋아하도록 가르치는 것이다. 땔감을 모으고 식량을 축적하면 1년 생계를 꾸릴 수 있지만 그것을 금과 옥으로 바꾸면 하루의 경비가 될 뿐이니 곤궁하지 않을 수 없으며 절약하지 않을 수 없다.

乳童

乳童拱手, 誰敢戲之, 豈在乎黼黻[1]也。牧豎折腰, 誰敢背之, 豈在乎刑政也。有賓主之敬, 則雞黍[2]可以爲大享, 豈在乎簫韶[3]也。有柔淑之態, 則荊芋可以行婦道, 豈在乎組繡也。而王者之制, 設溝隍[4]以禦之, 陳棨[5]戟以衛之, 蓄粟帛以養之, 張欄檻以遠之。蓋有機於民, 不得不藏, 有私於己, 不得不防。夫能張儉之機, 民自不欺, 用儉之私, 我自不疑。夫儉者, 可以爲大人[6]之師。

1_보불黼黻: 예복위에 수놓은 아름다운 무늬.
2_계서雞黍: 닭을 잡아 더운 국물을 만들고 기장밥을 지어 대접한다는 뜻으로 사람을 대접하는 일을 가리킨다.
3_소소簫韶: 우虞임금과 순舜임금 시기의 악기.
4_구황溝隍: 성 주위에 둘러 판 못. 참호塹壕.
5_계棨: 옛날 관리가 외출할 때 호위용으로 지니던 나무로 만든 의장용 창.
6_대인大人: 높은 관직에 있는 벼슬아치에 대한 존칭.

어린아이

　어린아이가 두 손을 맞잡고 예를 갖추면 누구도 놀리지 않으니 어찌 아름다운 옷을 입었는지 아닌지에 마음을 두겠는가? 목동이 허리 굽혀 예를 표하면 누구도 모른 채 등을 돌리지 않으니 어찌 법령을 지키는지 아닌지에 마음을 두겠는가? 손님과 주인이 서로 공경하면 설령 닭국과 기장밥으로 대접하더라도 크게 대접하는 것이니 어찌 가무가 있는지 없는지에 마음을 두겠는가? 부드럽고 정숙한 자태가 있으면 모시옷을 입어도 아내의 도리를 행할 수 있으니 어찌 베를 짜고 수를 놓았는지 아닌지에 마음을 두겠는가? 그러나 왕이 만든 제도는 참호를 설치해 방어하는 것이고, 무기를 배치해 보호하는 것이고, 식량과 재물을 축적해 군대를 양성하는 것이며, 울타리를 설치해 백성을 멀리하는 것이다. 이러한 것은 모두 백성에게 사용하는 계책이기 때문에 숨길 수밖에 없으며 자신을 위한 사사로운 욕망이기 때문에 방어할 수밖에 없다. 만약 계책에서 절약하면 백성은 저절로 왕을 속이지 않고 사사로운 욕망에서 절약하면 왕 또한 저절로 백성을 의심하지 않는다. 무릇 절약하는 사람이 벼슬아치의 스승이 될 수 있다.

化柄

儉於聽可以養虛, 儉於視可以養神, 儉於言可以養
氣, 儉於私可以護富, 儉於公可以保貴, 儉於門闔可
以無盜賊, 儉於環衛[1]可以無叛亂, 儉於職官[2]可以無
姦佞, 儉於嬪嬙[3]可以保壽命, 儉於心可以出生死。是
知儉可以爲萬化之柄。

1_환위環衛: 궁궐을 지킴.
2_직관直觀: 직위와 관등을 이르던 말.
3_빈장嬪嬙: 천자나 제후가 데리고 사는 본처 이외의 여인, 궁녀.

변화의 근본

듣는 데서 절약하면 태허의 경지를 기를 수 있고, 보는데서 절약하면 원신을 기를 수 있고, 말하는데서 절약하면 원기를 기를 수 있다. 사사로운데서 절약하면 재부를 지킬 수 있고, 공적인데서 절약하면 직위를 유지할 수 있으며, 집안에서 절약하면 도적이 없어지고, 궁궐을 지키는데서 절약하면 반란이 없어진다. 관료사회에서 절약하면 간사하고 아첨하는 사람이 없어지고, 궁녀가 절약하면 목숨을 보전할 수 있으며, 마음에서 절약하면 생사를 초월할 수 있다. 이로써 알 수 있는 것은 절약이 모든 변화의 근본이다.

禦一

王者皆知禦[1]一可以治天下也, 而不知孰謂之一。夫萬道皆有一, 仁亦有一, 義亦有一, 禮亦有一, 智亦有一, 信亦有一。一能貫五, 五能宗一。能得一者, 天下可以治。其道蓋簡而出自簡之, 其言非玄而人自玄之。是故終迷其要, 竟惑其妙。所以議守一之道, 莫過乎儉, 儉之所律[2], 則仁不蕩, 義不亂, 禮不奢, 智不變, 信不惑。故心有所主, 而用[3]有所本, 用有所本而民有所賴。

1_어禦: 막다. 방어하다. 대비하다.
2_율律: 제약하다. 규제하다. 단속하다.
3_용用: 부리다. 행하다. 다스리다.

하나를 다스림

왕은 모두 하나를 장악하면 천하를 다스릴 수 있다는 것을 알지만 그 하나가 무엇인지 모른다. 모든 '도'는 하나가 있다. '인' 또한 하나가 있고, '의' 또한 하나가 있고, '예' 또한 하나가 있고, '지혜' 또한 하나가 있으며, '믿음' 또한 하나가 있다. 하나가 이 다섯 가지를 통괄할 수 있고 이 다섯 가지가 하나를 이룰 수 있다. 이 하나를 얻을 수 있으면 천하를 다스릴 수 있다. 이러한 도리는 간단하며, 간단한 것에서 나온다. 언어로 표현해도 오묘하지 않지만 사람들 스스로 오묘하다고 생각한다. 그러므로 사람들은 언제나 그것의 요지에 미혹되고 그 오묘함에 현혹된다. 하나의 도리를 지키려면 절약하는 것일 뿐이다. 절약으로 단속하면 '인'이 흔들리지 않고, '의'가 혼란해지지 않고, '예'가 사치스러워지지 않고, '지혜'가 변하지 않으며, '믿음'이 확고해진다. 그러므로 마음은 중심이 있게 되고 다스림은 근거가 있게 된다. 다스림이 근거가 있으니 백성이 의지할 수 있게 된다.

三皇

君儉則臣知足, 臣儉則士知足, 士儉則民知足, 民儉則天下知足。天下知足, 所以無貪財, 無競名, 無姦蠹[1], 無欺罔, 無矯佞。是故禮義自生, 刑政自寧, 溝壘[2]自平, 甲兵自停, 游蕩自耕, 所以三皇[3]之化行。

1_간두姦蠹: 간사하고 좀스러움.
2_구루溝壘: 참호, 요새.
3_삼황三皇: 중국 고대 전설에 나오는 세 임금.

세 임금

군주가 절약하면 신하가 만족할 줄 알고, 신하가 절약하면 사대부가 만족할 줄 알고, 사대부가 절약하면 백성이 만족할 줄 알며, 백성이 절약하면 천하가 만족할 줄 안다. 천하가 만족 할 줄 알면 재물을 탐하는 사람이 없어지고, 명예를 쟁탈하는 사람이 없어지고, 간사하고 좀스러운 사람이 없어지고, 기만하는 사람이 없어지고, 아첨하는 사람이 없어진다. 그러므로 예의가 자연스럽게 나타나고, 정치가 자연스럽게 안정되고, 참호가 자연스럽게 메워지고, 전쟁이 자연스럽게 멈추고, 떠돌아다니는 사람들이 자연스럽게 농사지으며, 그리하여 삼황시대의 풍조가 성행하게 된다.

天牧

奢者三歲之計, 一歲之用, 儉者一歲之計, 三歲之
用。至奢者猶不及, 至儉者尚有餘。奢者富不足, 儉
者貧有餘。奢者心常貧, 儉者心常富。奢者好親人,
所以多過, 儉者能遠人, 所以寡禍。奢者事君必有所
辱, 儉者事君必保其祿[1]。奢者多憂, 儉者多福, 能終
其儉者, 可以爲天下之牧[2]。

1_녹禄: 녹봉, 작위.
2_목牧: 기르다. 다스리다.

천하를 다스림

사치스러운 사람은 3년 동안 사용할 수 있는 비용을 1년에 다 쓰며, 절약하는 사람은 1년 동안 사용할 수 있는 비용을 3년 동안 쓴다. 사치스러운 사람에게 부족한 것은 절약하는 사람에게 항상 남아돈다. 사치스러운 사람은 부유하더라도 모자람이 있고 절약하는 사람은 빈곤하더라도 넉넉함이 있다. 사치스러운 사람은 마음이 항상 가난하며 절약하는 사람은 마음이 항상 부유하다. 사치스러운 사람은 사람을 가까이하기 때문에 과실이 많고 절약하는 사람은 사람을 멀리하기 때문에 허물이 적다. 사치스러운 사람이 왕을 섬기면 반드시 치욕을 당하며 절약하는 사람이 왕을 섬기면 반드시 작위를 보장받는다. 사치스러운 사람은 우환이 많고 절약하는 사람은 복이 많다. 언제나 절약하는 사람이 천하를 다스릴 수 있다.

雕籠

懸雕籠, 事玉粒養黃雀, 黃雀終不樂。垂[1]禮樂, 設
賞罰教生民, 生民終不泰。夫心不可安而自安之, 道
不可守而自守之, 民不可化而自化之。所以儉於臺
榭則民力有餘, 儉於寶貨則民財有餘, 儉於戰伐則民
時有餘。不與之由[2]與之也, 不取之由取之也。海伯[3]
亡魚, 不出於海, 國君亡馬, 不出於國。

1_수垂: 전하다.
2_유由: 마치 ~와 같다.
3_해백海伯: 전설에 나오는 바다의 신.

조각한 새장

아름답게 조각한 새장을 걸어두고 주옥같은 곡물로 참새를 기르면 참새는 언제나 즐거워하지 않는다. 예악을 전하고 상벌을 만들어 백성을 가르치면 백성은 언제나 편안해하지 않는다. 마음은 외부의 힘으로 안정되는 것이 아니라 스스로 안정되는 것이며, 도는 외부의 힘으로 지킬 수 있는 것이 아니라 스스로 지키는 것이며, 백성은 외부의 힘으로 변화시킬 수 있는 것이 아니라 스스로 변하는 것이다. 누각과 정자를 지을 때 절약하면 백성의 힘이 남아돌고, 귀한 물건에서 절약하면 백성의 재물이 남아돌며, 전쟁에서 절약하면 백성의 시간이 남아돈다. 주지 않아도 준 것과 같고 가지지 않아도 가진 것과 같다. 바다의 신이 고기를 잃어도 고기는 바다를 벗어나지 않으며 국왕이 말을 잃어도 말은 나라를 벗어나지 않는다.

禮要

夫禮者, 道出於君而君由不知, 事出於職[1]而職由不明。儒者棲山林, 敬師友, 窮理樂, 講本末。暨乎見羽葆[2]車輅之狀, 鐘鼓簫韶之作, 則矍然[3]若鹿, 怡然若豕, 若醉於酒, 若溺於水, 莫知道之本, 莫窮禮之旨。謂弓爲弧, 則民不知矣, 謂馬爲駟, 則民莫信[4]矣。所以數亂於多, 不亂於少, 禮惑於大, 不惑於小。能師於儉者, 可以得其要。

1_직職: 벼슬, 관직.
2_우보羽葆: 새의 깃으로 장식한 의장용 수레위에 씌우던 우산.
3_확연矍然: 놀라서 주위를 두리번거리는 모양.
4_신信: 이해하다. 깨닫다.

예의 요지

예는 왕이 공포하지만 왕은 예의 유래를 알지 못하며, 예는 관료가 시행하지만 관료는 예의 유래를 알지 못한다. 유자는 산 속에 살면서 스승과 벗을 공경하고 세상의 이치와 인생의 즐거움 을 탐구하며 근본적인 것과 지엽적인 것을 이야기 한다. 그러나 제왕의 깃발을 단 어가의 모습을 보고 북을 치고 음악을 연주하 는 소리를 들으면 놀라는 모습이 마치 사슴 같고 기뻐하는 모습 이 마치 돼지 같다. 마치 술에 취한 것 같고 물에 빠진 것 같아 도의 본질을 알지 못하며 예의 요지를 탐구하지 못한다. 똑같은 활이지만 궁弓을 호弧라 말하면 백성은 호弧가 무엇인지 알지 못 하며, 똑 같은 말이지만 마馬를 사駟라고 말하면 백성은 사駟가 무엇인지 이해하지 못한다. 그래서 숫자는 많으면 혼란하고 적으 면 혼란하지 않으며, 예는 지나치면 미혹되고 간소하면 미혹되지 않는다. 절약에서 본받을 수 있으면 예의 요지를 깨달을 수 있다.

清静

奢者好動, 儉者好靜, 奢者好難, 儉者好易, 奢者好繁[1], 儉者好簡[2], 奢者好逸樂[3], 儉者好恬淡[4]。有保一器畢生無斁[5]者, 有挂一裘十年不斃[6]者。斯人也, 可以親百姓, 可以司粟帛, 可以掌符璽[7], 可以即[8]清静之道。

1_번繁: 많다. 성하다. 번거롭다.
2_간簡: 게을리 하다. 태만하다.
3_일락逸樂: 편안하게 놀며 즐김.
4_염담恬淡: 평안하고 고요하다. 사리사욕이 없다.
5_문斁: 미세한 금.
6_폐斃: 넘어지다. 죽이다.
7_부새符璽: 왕의 부절符節과 옥새玉璽로 권력을 가리키는 것임.
8_즉即: 접근하다. 가까이가다. 나아가다.

맑고 고요함

사치스러운 자는 움직이는 것을 좋아하고 검소한 자는 고요한 것을 좋아한다. 사치스러운 자는 어려운 것을 좋아하고 검소한 자는 쉬운 것을 좋아한다. 사치스러운 자는 복잡한 것을 좋아하고 검소한 자는 단순한 것을 좋아한다. 사치스러운 자는 마음대로 즐기는 것을 좋아하고 검소한 자는 조용히 지내는 것을 좋아한다. 어떤 사람은 도자기를 일생동안 보관해도 흠을 내지 않으며 어떤 사람은 가죽옷을 10년 동안 걸어두어도 훼손하지 않는다. 이런 사람은 백성을 가까이 할 수 있고, 곡식과 비단을 관리할 수 있고, 권력을 장악할 수 있으며, 청정한 길로 나아갈 수 있다.

損益

夫仁不儉, 有不仁, 義不儉, 有不義, 禮不儉, 有非禮, 智不儉, 有無智, 信不儉, 有不信。所以知儉爲五常之本, 五常爲儉之末。夫禮者, 益[1]之道也, 儉者, 損[2]之道也。益者損之旨, 損者益之理。禮過則淫[3], 儉過則朴。自古及今, 未有亡於儉者也。

1_익益: 더하다. 많아지다. 늘어나다.
2_손損: 덜다. 줄어들다. 손해보다.
3_음淫: 방탕하다. 사치하다.

줄어듦과 늘어남

무릇 어진 일을 하면서 절약하지 않으면 어질지 않은 일이 나타나고, 의로운 일을 하면서 절약하지 않으면 의롭지 않는 일이 나타나고, 예에 부합하는 일을 하면서 절약하지 않으면 예의롭지 않은 일이 나타나고, 지혜로운 일을 하면서 절약하지 않으면 지혜롭지 않은 일이 나타나며, 진실한 일을 하면서 절약하지 않으면 진실하지 않은 일이 나타난다. 그래서 알 수 있는 것은 절약이 오상의 근본이며 오상은 절약의 말단이다. 무릇 예라는 것은 끊임없이 늘어나는 도이며 절약이라는 것은 끊임없이 줄어드는 도이다. 늘어나는 것은 줄여야하는 이유가 되며 줄이는 것은 늘어나는 것을 관리하는 것이다. 예가 지나치면 사치스러워지고 절약이 지나치면 소박해진다. 고대부터 지금까지 절약해서 나라가 망한 적이 없다.

解惑

謙¹者人所尊, 儉者人所寶²。使之謙必不謙, 使之儉必不儉。我謙則民自謙, 我儉則民自儉。機³在此不在彼, 柄⁴在君不在人。惡行之者惑, 是故爲之文。

1_겸謙: 겸손하다. 공손하다.
2_보寶: 보배롭게 여기다. 소중히 여기다.
3_기機: 실마리. 단서. 일의 관건.
4_병柄: 핵심. 근본.

의문을 풀어냄

겸허한 자는 사람들이 존경하고 절약하는 자는 사람들이 중시한다. 겸허하도록 강요하는 자는 반드시 겸허하지 않는 사람이며 절약하도록 강요하는 자는 반드시 절약하지 않는 사람이다. 내가 겸허하면 백성은 저절로 겸허해지며 내가 절약하면 백성은 저절로 절약한다. 관건은 나에게 있는 것이지 너에게 있는 것이 아니며 근본은 왕에게 있는 것이지 백성에게 있는 것이 아니다. 악한 행위를 하는 자가 세상을 어지럽히기 때문에 이 글을 썼다.

부록

≪화서≫의 이론 체계

1. ≪화서≫의 이론 체계

  ≪화서≫는 일정한 논리적 체계를 갖추고 있으며 이러한 체계는 몇 가지 용어를 통해 이루어진다. ≪화서≫에 나오는 중요한 용어는 대부분 도가와 도교경전에 많이 나오는 것이다. 예를 들어 도道·허虛·신神·기氣·형形·정精·정情·성性·령靈·혼魂·백魄·화化·술術·식食·검儉 등과 같은 용어이다. 이 중에서 가장 중요한 용어는 도·허·형이다. ≪화서≫의 전체적인 내용은 이 세 가지 용어의 관계를 통해 구성되었다. 그러므로 ≪화서≫를 효과적으로 이해하기 위해 이러한 용어를 이해해야 할 뿐만 아니라 각각의 용어는 어떤 논리적 연관성이 있는지 알아야 한다.

  ≪화서≫에서 또 하나의 중요한 용어는 화化이다. 책의 제목에

서도 알 수 있듯이 ≪화서≫는 '변화'를 이야기하는 책이다. 담초
는 한편으로 도·허·형의 관계를 통해 자연·인간·사회의 필연
적인 변화의 과정을 이야기 하며, 다른 한편으로 이러한 변화를
거부하고 능동적으로 변화를 이끌어가려는 주체적인 인간의 모습
을 상상한다. 그러므로 ≪화서≫에서 드러나는 담초의 사상을 이
해하기 위해 '화'의 의미와 그가 '변화'를 통해 이야기하려는 것이
무엇인지 알아야 한다.

1) 만물의 근원: 도道

도교에서 '도'[1]는 만물을 생성할 수 있는 근원이다. 노자는
"도가 하나를 낳고, 하나가 둘을 낳고, 둘이 셋을 낳으며, 셋이
만물을 낳는다."[2]라고 했다. 담초는 이와 같은 노자의 자연 생
성관을 계승해 더욱 구체적으로 만물의 생성과정을 설명했다.
≪화서≫ 제1장 〈도화〉편의 첫 문장은 다음과 같이 시작한다.

도가 드러나면 태허의 세계에서 원신이 나타나고, 원신에서

---

1) ≪화서≫에서 '道'는 만물의 근원이며 만물이 생성·발전·쇠락하는 힘이
라고 볼 수 있다. '虛'는 만물이 생성되기 이전의 세계이며 '太虛'라고도
한다. '神'은 개체 사물의 생성을 결정하는 태초의 정신이며 '元神'이라고도
한다. 氣는 개체 사물을 생성하는 태초의 기운이며 '元氣'라고도 한다. '形'
은 '도'가 움직여 개체사물의 형체가 만들어진 결과물이다.
2) "道生一, 一生二, 二生三, 三生萬物." ≪도덕경≫ 42장.

원기가 나타고, 원기에서 형체가 나타나며, 형체가 나타나면서 만물이 막히게 된다. 도가 작용하면 형체가 원기로 변하고, 원기가 정신으로 변하고, 정신이 태허의 세계로 돌아가며, 태허의 세계는 맑아 만물이 통하게 된다.[3]

이 문장에서 담초는 두 방면에서 '도'의 전개과정을 설명한다. 한 방면은 '도' ⇒ '태허' ⇒ '원신' ⇒ '원기' ⇒ '형체'로 전개되는 과정이며 다른 한 방면은 '도' ⇒ '형체' ⇒ '원기' ⇒ '원신' ⇒ '태허'로 전개되는 과정이다. 이러한 '도'의 두 전개과정을 그려보면 다음과 같다.

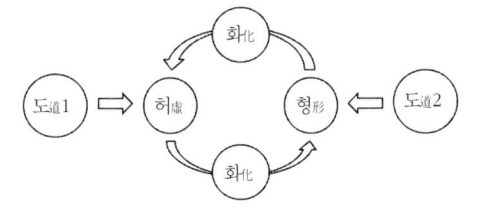

〈그림 1〉 도의 전개도

'도(1)'의 전개 과정은 만물의 근원인 '도'가 드러나면서부터 '태허'에서 '형체'로 전개되는 과정이다. '도(2)'의 전개 과정은 만물에 내재하는 '도'가 작용하면서부터 '형체'에서 '태허'로 돌아가

---

3) "道之委也, 虛化神, 神化氣, 氣化形, 形生而萬物所以塞也. 道之用也, 形化氣, 氣化神, 神化虛, 虛明而萬物所以通也." 譚峭撰, 丁禎彦, 李似玲点校, ≪化書≫, 〈道化〉, 中華書局, 1996, 1쪽.

는 과정이다. '도(1)'이 움직여 '태허'에서 '형체'로 전개되는 과정은 '도'가 순 방향으로 전개되는 과정이며, '도(2)'가 작용해 '형체'에서 '태허'로 전개되는 과정은 '도'가 역방향으로 전개되는 과정이다. 만물의 근원인 '도'가 움직이기 시작하면 '태허'의 세계에서 만물의 정신인 '원신'이 형성되고, '원신'이 작용하면 '원기'가 모이며, '원기'가 작용하면 음과 양 두 기의 조화를 통해 만물의 '형체'가 나타난다. 만물의 '형체'가 수명을 다하면 그 속에 내재하는 '도'가 작용해 '형체'가 흩어져 '원기'로 변하고, '원기'가 흩어져 '원신'으로 변하며, '원신'이 흩어져 원래 생성되었던 '태허'의 세계로 돌아간다.

이처럼 담초가 《화서》의 서론부분에 해당하는 〈도화〉편의 첫 문장에서 '도'의 두 전개방향을 설명한 것은 매우 중요한 의미를 지닌다. 《화서》의 전체적인 내용은 '도'의 '순방향'과 '역방향'이라는 두 전개과정에 의해 구성되었으며, 담초의 사상 또한 이러한 두 전개과정에 의해 기본적인 체계를 이룬다. 담초는 '도'의 '순방향'과 '역방향'이라는 기본적인 구조 속에서 '도'·'태허'·'형체'의 관계를 통해 자연뿐만 아니라 인간과 사회의 변화를 이야기한다.

2) 만물의 소통: 허虛

《화서》에서 '도'가 근원적인 의미를 지니지만 가장 중요한 부분은 '태허'이다. 앞에서 살펴보았듯이 만물은 '도'가 움직여 '태허'에서 '형체'로 전개되는 과정과 '형체'가 수명을 다하면 다시 '도'가 작용해 '형체'에서 '태허'로 돌아가는 과정을 거친다. 여기에서 중요한 부분이 '태허'이다. '태허'의 단계는 '도'가 움직여 '형체'가 형성되기 시작하는 단계이며 또한 '도'가 작용해 '형체'가 최후에 돌아가야 하는 단계이다. 이러한 '태허'의 단계는 다음과 같은 특징이 있다.

첫째, 만물이 통하는 단계이다. 담초는 ≪화서≫ 제1장 '도화' 편의 첫 문장에서 "태허의 세계는 맑아 만물이 통한다."라고 말했다. 그는 〈도화〉 '노풍'편에서 이러한 단계를 더욱더 구체적으로 설명한다.

> 태허는 존재하지 않는 곳이 없고, 원신은 통하지 않는 것이 없고, 원기는 같지 않는 것이 없으며, 형체는 유사하지 않는 것이 없다. 무엇이 저것이고 무엇이 나인가? 무엇이 앎이 있는 것이고 무엇이 앎이 없는 것인가? 모든 사물은 하나의 사물이고 모든 원신은 하나의 원신이니 이것이 지극한 도이다.[4]

'태허'의 단계는 만물의 근원인 '도'의 기운이 존재하나 아직

---

[4] "虛無所不至, 神無所不通, 氣無所不同, 形無所不類. 孰爲彼, 孰爲我. 孰爲有識, 孰爲無識. 萬物, 一物也, 萬神, 一神也, 斯道之至矣." ≪化書≫, 〈道化〉 '老楓'편, 2쪽.

움직임이 없는 단계이며, 개체 사물을 결정하는 정신인 '원신'이 형성되기 이전 단계이다. 이러한 단계는 태초의 혼돈시기와 유사하다. 그 어떤 것도 결정되지 않은 단계이지만 또한 그 어떤 가능성도 열려있는 단계이다. 그러므로 주체와 객체의 구분이 없고 정신과 물질의 구분이 없으며, 생물과 무생물의 구분이 없고 동물과 식물의 구분이 없다. 담초의 표현에 의하면 사람이 동물이고 동물이 사람이며, 뱀이 거북이고 거북이 뱀이며, 풀이 돌이고 돌이 풀이다. 모든 것이 통하고 모든 것이 하나가 되는 단계이다.

'허虛'는 한자 그대로 풀어보면 '텅 빈 상태'를 의미한다. '비어 있음'은 모든 것의 출발점이다. 그릇도 비어있어야 물건을 담을 수 있고, 들판도 겨우내 비어 있어야 봄이 오면 만물이 싹튼다. 존재하지 않는 것 같지만 존재하는 것, 텅 비어 있지만 생명을 태동할 수 있는 무한한 가능성을 갖추고 있는 단계가 바로 '태허'의 단계이다. 도교에서는 이러한 단계를 볼 수도 들을 수도 없는 우주의 본체라 한다. 담초는 바로 이와 같은 '태허'를 세계만물의 본체로 여겼으며 '태허'가 중국철학사에서 중요한 범주가 되도록 했다.[5]

---

5) 高令印, 陳其芳, 〈譚峭再唐宋哲學發展中的地位〉, 《福建論壇(文史哲版)》 08기, 1984, 24쪽 참고.

둘째, '태허'는 만물이 생성되는 단계이며 또한 만물이 때가 되면 돌아가야 하는 단계이다. 담초는 〈도화〉 '생사'편에서 다음과 같이 말하고 있다.

> 태허에서 원신이 나타나고, 원신에서 원기가 나타나고, 원기에서 혈액이 나타나고, 혈액에서 형체가 나타난다. 형체가 영아가 되고, 영아가 어린이가 되고, 어린이가 소년이 되며, 소년이 장년이 되고, 장년이 노년이 되며, 노년이 되면 죽는다. 죽으면 다시 태허로 돌아가며, 태허에서 다시 원신이 나타나고, 원신에서 다시 원기가 나타나며, 원기에서 다시 사물이 나타난다. 이러한 변화는 부단히 계속되며, 순환과 반복이 끝이 없다. 무릇 만물은 스스로 생겨나려 하지 않으며 어쩔 수 없이 생겨난다. 만물은 스스로 죽으려 하지 않으며 어쩔 수 없이 죽게 된다.[6]

담초는 이 문장에서 사람이 태어나서 죽음에 이르는 과정을 설명하고 있다. '도'가 움직이면 '태허'에서 '형체'가 나타나며, '형체'가 나타나면 영아에서 어린이, 소년, 장년, 노년이 되고 결국 죽음에 이른다. 죽으면 '도'가 작용해 '형체'가 흩어져 '태허'로 돌아가며, '태허'의 세계에서 다시 '도'의 작용에 의해 어떤 사물로

---

6) "虛化神, 神化氣, 氣化血, 血化形, 形化嬰, 嬰化童, 童化少, 少化壯, 壯化老, 老化死. 死復化爲虛, 虛復化爲神, 神復化爲氣, 氣復化爲物. 化化不間, 由環之無窮. 夫萬物非慾生, 不得不生, 萬物非慾死, 不得不死." ≪化書≫, 〈道化〉 '死生'편, 13쪽.

나타난다. 담초는 이처럼 태어남과 죽음에 이르는 과정을 '태허'에서 '형체'로 태어나고 다시 '형체'에서 '태허'로 돌아가는 과정으로 설명한다. 사람뿐만 아니라 존재하는 모든 사물도 마찬가지이다. 위에서 인용한 문장에서 담초가 "변화는 부단히 계속되며 순환과 반복이 끝이 없다. 만물은 스스로 생겨나려 하지 않으며 어쩔 수 없이 생겨난다. 만물은 스스로 죽으려 하지 않으며 어쩔 수 없이 죽게 된다."라고 말했듯이, 만물의 순환과정 역시 '도'의 작용에 의해 '태허'에서 '형체'로, 다시 '형체'에서 '태허'로 계속 순환하는 과정이다. '도'가 만물이 생성·변화·소멸하는 내재적 근거라면 '태허'는 만물이 생성되기 시작하는 곳이며 또한 최후에 돌아가야 하는 곳이다.

3) 만물의 막힘: 형形

담초의 사상에서 '형체'의 단계는 '태허'의 단계와 대립되는 단계이다. 이러한 단계는 다음과 같은 두 특징을 지닌다. 첫째, '형체'의 단계는 만물이 통하지 않는 단계이다. 담초는 '도화'편에서 "태허의 세계는 맑아 만물이 통한다."라고 했으며, 또한 "형체가 나타나면서 만물이 막히게 된다."라고 했다. 만물의 생성과정에서 보면 '원신'이 개체 사물을 결정하는 주체이다. '도'가 움직여 처음에 어떤 '원신'이 결정되는지에 따라 그에 상응하는 '형체'가 나타난다. 그러므로 '원신'은 개체 사물의 정신이 되며, '원신'이 이후에 일어나는 모든 변화를 결정한다. 동물의 '원신'이 형성되어 변화가 일어나면 동물의 '원기'를 모으고 동물의 '형체'가 된다. 식물의 '원신'이 형성되어 변화가 일어나면 식물의 '원기'를 모으고 식물의 '형체'가 된다. 사람의 '원신'이 형성되어 변화가 일어나면 사람의 '원기'를 모으고 사람의 '형체'가 된다. 동물, 식물, 사람의 형체가 만들어지면 각자의 생명특징, 생존방식, 생명주기를 형성한다. 그러므로 '태허'의 단계는 정신과 물질, 생물과 무생물, 동물과 식물의 구분 없이 모든 것이 하나가 되는 단계이지만 '형체'가 나타나면서 정신과 물질, 생물과 무생물, 동물과 식물의 구분이 생긴다. 이처럼 '형체'가 나타나면 '원신'이 '형체'에 갇히기 때문에 각각의 사물은 서로 통하지 않게 된다.

둘째, '형체'는 생성되는 순간부터 반드시 생장하고 소멸하는 과정을 거친다. 만물의 순환과정에서 보면 '태허'의 단계는 만물이 생성되는 단계이면서 또한 만물이 돌아가야 하는 단계이다. 그러므로 '형체'는 반드시 '태허'의 단계로 돌아가야 하며, 그 수명을 다할 때가 있다. '도'가 순방향으로 전개되어 '형체'가 나타나면, '형체'를 가진 모든 사물은 생성·발전·쇠락의 과정을 거치는 것이 자연규율이다.

《화서》에서 드러나는 담초 사상의 중요한 특징은 이러한 자연관이 인간사회의 영역에도 그대로 적용된다는 것이다. 만약 만물이 생성·발전·쇠락의 자연스러운 과정을 거친다면 인간사회 또한 생성·발전·쇠락의 과정을 거치며, 이러한 과정을 반복하는 것이 '변화'의 일반적인 추세이다. 담초는 〈도화〉 '대화'편에서 인류사회의 변화과정을 매우 구체적으로 설명하고 있다.

> 태허의 세계에서 만물이 태동할 수 있는 원신이 나타나고, 원신에서 생명의 원기가 나타나고, 생명의 원기에서 형체가 나타나고, 형체에서 감정이 나타나며, 감정에서 주위에 대한 관심이 나타난다. 주위에 대한 관심이 나타나면서 예절이 나타나고, 예절이 나타나면서 높고 낮은 구분이 나타나고, 높고 낮은 구분이 나타나면서 귀하고 천한 구분이 나타나며, 귀하고 천한 구분이 나타나면서 분별이 나타난다. 분별이 나타나면서 신분계층이 나타나고, 신분계층이 나타나면서 제도가 나타나고, 제도가 나타나면서 궁실이 나타나며, 궁실이 나타나면서 궁실의 방위가 나타난다. 방위가 나타나면서 연회가 나타나고, 연회가 나타나면서 사치와 방탕이 나타나고, 사치와 방탕이 나타나면서 착취가 나타나며, 착취가 나타나면서 속이는 일이 나타난다. 속이는 일이 나타나면서 형벌이 나타나고, 형벌이 나타나면서 폭동이 일어나고, 폭동이 일어나면서 군대가 나타난다. 군대가 나타나면서 쟁탈이 나타나고, 쟁탈이 나타나면서 패망이 나타난다. 이렇게 변화해오는 기세는 저지할 수 없으며 변화해 나가는 힘 역시 막을 수 없다.[7]

---

7) "虛化神, 神化氣, 氣化形, 形化精, 精化顧盼, 而顧盼化揖讓, 揖讓化陞降, 陞降化尊卑, 尊卑化分別, 分別化冠冕, 冠冕化車輅, 車輅化宮室, 宮室化掖衛, 掖衛化燕享, 燕享化奢蕩, 奢蕩化聚斂, 聚斂化欺罔, 欺罔化刑戮, 刑戮化悖亂, 悖亂化甲兵, 甲兵化爭奪, 爭奪化敗亡. 其來也勢不可遏, 其

담초는 이 문장에서 인간사회가 생성에서 쇠락에 이르는 일련의 과정을 설명한다. 이러한 과정을 좀 더 구체적으로 생각해 보면, 먼저 '태허'에서 자연계가 나타나고 사람이 나타나며 인류 사회가 나타난다. 인류 사회 초기에 사람은 모두 평등했다. 착취와 억압이 없었으며 신분귀천이 없었다. 사회가 발전하면서 빈부격차가 나타나고, 존비귀천, 통치자와 피통치자의 구분이 나타났다. 지배계층은 화려한 옷을 입고, 좋은 말을 타고, 맛좋은 음식을 먹으며 사치스럽고 방탕한 생활을 한다. 이러한 생활을 유지하기위해 전쟁을 일으키고 백성을 억압하고 착취한다. 사람은 더 이상 참을 수 없어 반기를 들고 사회 동란을 야기한다. 지배계층은 이러한 혼란을 막기 위해 형벌을 강화하고 인의를 설교하지만 국가는 기울게 되며 사회는 결국 쇠락하게 된다. 담초가 "이렇게 변화해 오는 기세는 저지할 수 없으며 변화해 나가는 힘 역시 막을 수 없다."라고 말했듯이 인간 사회가 생성에서 쇠락에 이르는 과정은 인간의 힘으로 저지하기 어렵다. 아무리 인의, 예교, 형법과 같은 수단으로 이러한 기세를 막으려 해도 인간 사회는 결국 쇠락의 길로 나아간다.

정정언은 "담초는 자연계만 '태허'에서 변화되어 나온 것이 아니라 인류사회, 신분등급, 윤리도덕, 전쟁과 쟁탈 등등이 모두

去也力不可拔." ≪化書≫, 〈道化〉 '大化'편, 9~10쪽.

'태허'에서 기원한다고 생각한다."[8]라고 말했다. ≪화서≫의 독특한 특징은, '형체는 단지 눈에 보이는 유형의 사물을 가리키는 것이 아니라 국가·사회·정치·제도 등 인간의 모든 문명까지 포함한다. 만약 모든 사물이 생성에서 소멸에 이르는 자연스러운 과정을 거친다면 인간이 만든 모든 문명 또한 생성에서 쇠락에 이르는 과정을 거치는 것이 자연스러운 역사의 진행과정이다.

2. ≪화서≫의 주체적 인간관

≪화서≫에서 또 하나의 중요한 범주는 '화化'이다. ≪화서≫는 책의 제목에서 알 수 있듯이 '변화'를 이야기하는 책이다. "≪화서≫는 도교의 변화 범주를 전면적으로 발휘했다고 말할 수 있다."[9] '도'가 순방향으로 전개되면 자연·인간·사회가 생성·변화·발전·쇠락의 길을 가는 것은 필연적인 과정이다. 그러나 만약 이러한 과정에서 인간이 아무런 역할을 할 수 없다면 인간의 주체성은 사라진다. 인간은 자연 앞에 한없이 무기력한 존재가 되며, 주어진 운명을 그대로 받아들이고 살아야하는 수

---

8) 丁禎彦, 〈譚峭'化書'的社會政治思想和哲學思想〉, ≪中国哲學史≫ 03기, 1993년, 53쪽 참고.

9) 柳仲宇, ≪道教思惟方式探微≫, 林胜利, 〈紫霄真人譚峭考略〉, ≪中國道教≫ 03기, 1989년, 33쪽 재인용.

동적인 인간에 불과하게 된다. 그러나 담초가 가장 중요하게 생각하는 것은 인간의 주체성과 능동성이다. 이러한 점이 가장 잘 드러나는 부분이 바로 '화'의 사상이다.

1) 인간의 변화

≪화서≫에서 모든 것이 변하는 것은 자연의 법칙이다. 생물이든 무생물이든 정신이든 물질이든 모두 끊임없이 변화한다. 예를 들어 담초는 '사작'편에서 "뱀이 자라로 변하고 참새가 조개로 변한다."¹⁰⁾라고 했으며, '노풍'편에서 "오래된 단풍나무가 신선으로 변하고 썩은 밀이 나비로 변하며, 어진 여인이 돌덩이로 변하고 지렁이가 백합으로 변한다."¹¹⁾라고 했다. 현대의 과학적 지식으로 보면 이러한 변화는 불가능하다. 그러나 '도'의 순환과정을 통해서 보면 이러한 변화는 이론적으로 가능하다.

앞서 살펴보았듯이 만물의 순환과정을 보면 '도'가 움직여 '원신'이 형성되고, '원신'이 움직여 '원기'가 모이며, '원기'가 움직여 '형체'가 나타난다. '형체'가 수명을 다하면 다시 '도'가 작용해 '형체'가 사라지고 '원기'가 흩어져 '태허'의 세계로 돌아간다. 이처

---

10) "蛇化爲龜, 雀化爲蛤." ≪化書≫, 〈道化〉'蛇雀'편, 2쪽.
11) "老楓化爲羽人, 朽麥化爲蝴蝶, 自無情而之有情也. 賢女化爲貞石, 山蚯 化爲百合, 自有情而之無情也." ≪化書≫, 〈道化〉'老楓'편, 2~3쪽.

럼 만물은 때가되면 '태허'의 세계로 돌아가며, 그곳에서 다시 '도'가 움직여 '원신'이 형성되고 '원기'가 움직여 '형체'가 나타난다. '태허'의 단계에서는 모든 과정을 다시 시작하므로 '도'가 움직여 어떤 '원신'이 형성되는 가에 따라 이후에 일어나는 변화가 달라진다.

'도'의 전개과정에서 '형체'가 결정되면 담초가 말한 것처럼 "뱀이 자라로 변하고, 참새가 조개로 변하고, 단풍나무가 신선으로 변하고, 밀이 나비로 변하는 것" 등 서로 다른 사물 사이의 변화는 불가능하다. 그 이유는 개체 사물의 정신인 '원신'이 '형체'에 갇혀있기 때문이며, '형체'가 '원신'을 구속하기 때문이다. 뱀의 '원신'이 거북의 '형체'를 가질 수 없고, 자라의 '원신'이 조개의 '형체'를 가질 수 없다. '원신'이 '형체'에 고정되어 있으면 변화의 가능성은 없다. 그러나 만약 '원신'이 '형체'의 속박에서 벗어나 '태허'의 경지에 들어간다면 이야기는 달라진다. 담초가 〈도화〉 '생사'편에서 이야기한 내용을 다시 살펴보자.

태허에서 원신이 나타나고, 원신에서 원기가 나타나고, 원기에서 혈액이 나타나고, 혈액에서 형체가 나타난다. 형체가 영아가 되고, 영아가 어린이가 되고, 어린이가 소년이 되며, 소년이 장년이 되고, 장년이 노년이 되며, 노년이 되면 죽는다. 죽으면 다시 태허로 돌아가며, 태허에서 다시 원신이 나타나고, 원신에서 다시 원기가 나타나며, 원기에서 다시 사물이 나타난다.

'도'의 작용에 의해 사람의 '형체'로 태어나면 영아에서 어린이, 소년, 장년, 노년이 되고 결국 죽음에 이른다. 죽으면 다시 '형체'가 없어지고 '원기'가 흩어져 '태허'의 세계로 돌아간다. 그곳에서 머물다 다시 '도'의 작용에 의해 '원신'이 형성되고, '원기'가 응집해 사물이 된다. 담초는 여기에서 "사람이 죽어서 다시 태어나면 사람으로 태어나는 것이 아니라 사물로 태어난다."라고 말한다. 그 이유는 '형체'가 흩어져 '태허'의 세계로 돌아가면 사물로 태어나는 과정을 처음부터 다시 시작해야 하기 때문이다.[12)]

'태허'의 세계에서 모든 가능성은 열려있다. '도'의 작용에 의해 어떤 사물의 '원신'이 형성되고 어떤 '원기'가 응집되는가에 따라 생물이 될 수도 있고 무생물이 될 수도 있으며, 식물이 될 수도 있고 동물이 될 수도 있다. 뱀이 수명을 다해 '형체'가 사라지고, '원기'가 흩어지고, '원신'이 '태허'의 세계로 들어가면, 그후 '도'가 움직여 거북의 '원신'을 형성하고, '원신'이 움직여 거북의 '원기'를 모으고, '원기'가 움직여 거북의 '형체'로 태어나면 뱀

---

12) 道가 작용해 虛에서 形으로 태어나고 形에서 虛로 돌아가며, 다시 虛에서 形으로 태어나는 만물의 순환과정은 마치 태어남과 죽음을 반복하는 불교의 윤회설과 유사하다. 다른 점은, 불교에서 말하는 윤회는 사람이 현세에서 쌓은 공덕에 따라 다음 세상에서 어떤 사물로 나타나는지 결정된다. 하지만 ≪화서≫에서 이러한 과정은 목적 없이 이루어지는 자연의 변화과정일 뿐이다.

이 거북으로 변하는 것은 매우 당연한 일이다. 담초의 말처럼 참새가 조개로 변하고, 여인이 돌덩이로 변하고, 밀이 나비로 변하고, 지렁이가 백합으로 변하는 것은 모두 같은 이치이다. 이러한 변화는 일반 사람이 생각하기 어렵지만 '도'의 변화과정에서 보면 매우 자연스럽게 이루어질 수 있는 일이다.

도교에서 중시하는 것은 '도'를 수양해 신선이 되어 불로장생을 추구하는 것이다. 그러나 어떻게 '도'를 닦아 신선이 될 수 있는가는 이론적으로 매우 해결하기 어려운 문제이다. 담초는 '태허'의 개념을 제기함으로써 적어도 이론적인 방면에서 이러한 문제를 간단하게 해결했다. 만약 사람이 '도'의 순환과정에 개입해 '태허'의 단계에 들어갈 수 있다면 자연규율을 장악해 '도'의 자연적인 전개과정을 늦출 수도, 바꿀 수도, 역행할 수도 있으며, 그 무엇이든 이룰 수 있다. 만물이 생장하고 소멸하는 과정을 역행해 죽음을 미룰 수도 있고, 오랫동안 삶을 지속할 수도 있다. 마음먹기에 따라 식물이 될 수도 있고 동물이 될 수도 있으며, 돌이 될 수도 있고 쇠가 될 수도 있다. 이론적으로 보면 중국 무협지에 나오는 호신술, 분신술이 모두 가능하며, 허공을 가르고 하늘을 날아다니는 것이나, 물위를 뛰어 다니고 물속을 걸어 다니는 것이나, 벽을 통과하고 돌을 통과하는 것이나, 투명인간이 되어 자신의 모습을 감추는 것 등 우리가 상상할 수 있는 모든 변화가 가능하다.

그러나 형체를 지닌 사람이 '태허'의 세계에 들어가려면 반드시 형체의 구속에서 벗어나 '태허' ⇒ '원신' ⇒ '원기' ⇒ '형체'로 전개되는 '도'의 발전방향에 역행해야 한다. '도'의 자연스러운 변화과정은 인간의 힘으로 저지할 수 없기 때문에 사람이 '도'의 전개과정에 역행하는 것은 사실상 불가능하다. 이러한 문제를 해결하기 위해 담초가 제기한 것이 신체의 수양이다. 담초는 '도' ⇒ '태허' ⇒ '원신' ⇒ '원기' ⇒ '형체'의 전개과정을 통해 만물이 형성되면 '도', '태허', '원신', '원기'가 사라지는 것이 아니라 '형체' 속에 그대로 내재되어있다고 본다. 이러한 형체의 구조도를 그려보면 〈그림 2〉와 같다.

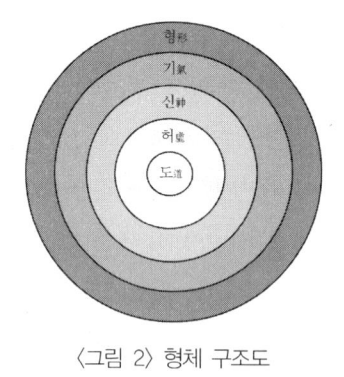

〈그림 2〉 형체 구조도

담초는 '도화'편에서 "도가 작용하면 형체가 원기로 변하고, 원기가 원신으로 변하고, 원신이 태허의 세계로 돌아간다."[13]라고 했다. "도가 작용한다."라는 것은 만물에 내재되어 있는 '도'가 작용한다는 것이다. 만물이 수명을 다하면 그것으로 끝나는 것이 아니라 만물 속에 내재하는 '도'가 작용해 다시 '형체'가 흩어져 '원기'로 변하고 '원기'가 흩어져 '원신'으로 변하고 '원신'이 원래 생성되었던 '태허'의 세계로 돌아간다. 이러한 변화의 과정이 자연스러운 과정이라면, 수양이란 몸속에 있는 '도'를 체득해 이러한 변화의 과정을 따라가는 것이다. 양파의 껍질을 벗기듯 하나하나 벗겨나가면 '도' ⇒ '태허' ⇒ '원신' ⇒ '원기' ⇒ '형체'로 전개되는 도의 발전방향을 거슬러 반대로 '형체' ⇒ '원기' ⇒ '원신' ⇒ '태허'의 방향으로 나아가 최후에 '도'와 하나 될 수 있다. 바로 이러하기 때문에 담초는 "형체를 잊고 원기를 배양해야 하고, 원기를 잊고 정신을 배양해야 하며, 정신을 잊고 태허를 배양해야 한다."[14]라고 말했다.

담초는 〈도화〉 '이목'편에서 "원신으로 인해 형체가 있고 형체로 인해 혹이 있으며, 원신이 형체의 속박에서 벗어나는 것은 몸에 있는 혹을 떼는 것과 같은데 어찌 불가능하겠는가?[15]"라고 말했다. 그는 사람이 '형체'의 속박에서 벗어나 '태허'의 단계

---

13) "道之用也, 形化氣, 氣化神, 神化虛." 《化書》, 〈道化〉편, 1쪽.
14) "忘形以養氣, 忘氣以養神, 忘神以養虛." 《化書》, 〈道化〉편, 1쪽.
15) "惟神之有形, 由形之有疣. 苟無其疣, 何所不可." 《化書》, 〈道化〉 '耳目' 편, 3쪽.

로 들어갈 수 있으며, 이러한 단계에 들어가면 "금석으로 변할 수도 있고, 주옥으로 변할 수도 있으며, 다른 종으로 변할 수도 있고, 기이한 형체로 변할 수도 있다."[16]라고 생각했으며, "형체를 숨길 수도 있고 드러낼 수도 있으며, 죽을 수도 있고 살 수도 있으며, 그 어떤 구속도 받지 않을 수 있다."[17]라고 생각했다.

사람이 '도'를 닦는 것은 바로 '형체'의 속박에서 벗어나 '태허'의 세계로 들어가는 것이며, '태허'의 세계에서 '도'와 하나 되는 것이다. '도'와 하나 되어 '인도합일人道合一'을 이루는 경지가 바로 사람이 도달해야할 가장 이상적인 경지이다.

2) 사회의 변화

《화서》는 '도'가 드러나면서부터 '태허'에서 '형체'로 전개되는 과정과 '도'가 작용하면서부터 '형체'에서 '태허'로 전개되는 과정을 사회 영역에도 그대로 적용한다. 《화서》의 체계에서 '도'와 동등한 의미를 지니는 것이 '식食', 즉 '먹을거리'이다. '도'가 만물의 근원이며, 동시에 만물이 생성·발전·쇠락하는 내재적 근거라면 '먹을거리'는 인간 사회의 근원이며, 인

---

16) "小人由是知, 可以爲金石, 可以爲珠玉, 可以爲異類, 可以爲怪狀." 《化書》, 〈術化〉'胡夫'편, 24쪽.
17) "自然可以隱可以顯, 可以死, 可以生而無所拘." 《化書》, 〈道化〉'射虎'편, 8쪽.

간사회가 형성·발전·쇠락하는 내재적 근거이다. 이러한 그의 사상체계를 그림을 그려보면 다음과 같다.

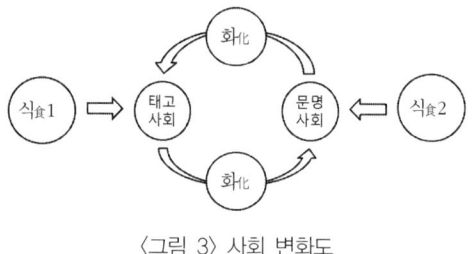

〈그림 3〉 사회 변화도

〈그림 3〉에서 드러나듯이 ≪화서≫에서 '먹을거리'는 '도'와 동등한 의미를 지닌다. 이러한 점은 도교사상의 특징을 보여주는 것이다. 도교에서 가장 중요하게 생각하는 것은 사람의 생명이다. 담초는 이러한 도교사상의 영향을 받아 생명을 유지하기 위해 필요한 '먹을거리'에 매우 큰 가치를 부여했다. 담초의 관념에서 "사람은 먹고살기 위해 살아가고, 먹고살기 위해 사회를 이루며, 먹고살기 위해 갈등하고 투쟁한다."[18] 그러므로 '먹을거리'는 사회가 생성·발전·쇠락하는 내재적 근거이며, 사회가 혼란해지는 가장 중요한 원인이다. 그래서 담초는 "만약 굶주리

---

18) 이승모, 〈담초 생명사상의 현대적 가치〉, ≪東洋哲學硏究≫ 第83輯, 2015년, 77쪽.

면 먹지 못하는 것이 없고 만약 절박해지면 하지 못하는 것이 없다. 이것이 바로 나라가 흥하고 망하는 관건이다."19)라고 말했으며, "먹을거리의 도는 결코 소홀히 할 수 없다."20)라고 말했다.

만약 '먹을거리'로 인해 이루어지는 사회가 필연적으로 쇠락의 길로 나아간다면, 어떻게 이러한 과정에서 벗어날 수 있는가? 그것은 바로 '먹을거리'로 인해 전개되는 사회의 발전과정에 역행해서 '태고사회'로 돌아가는 것이다. 담초의 사상에서 '먹을거리'가 '도'에 가깝다면 '태고사회'는 '태허'의 단계에 가깝고 '문명사회'는 '형체'의 단계에 가깝다. 태고사회는 문명이 발달하지 않고 자연과 함께하는 초기의 인류 사회와 유사하다. 이러한 사회에서 살아가는 사람은 지혜에 대한 욕망이 없고, 권력과 명예에 대한 욕망이 없다. 그들은 마치 노자가 좋아한 어린아이와 같다. 어린아이는 욕망하는 것이 없다. 육체적 활동은 단지 살기위한 생명활동 뿐이다. 그러므로 생명을 유지하기 위한 최소한의 '먹을거리'만 있으면 더 이상 욕망하지 않는다. 이러한 단계에서 사람들 사이에 그 어떤 구분이 없다. 신분귀천의 구분이 없고, 아름답고 추함의 구분이 없으며, 지혜롭고 지혜롭지 않은 구분이 없다. 모두 벌거벗고 태어나 온기와 한기를 느끼고 살아가며

---

19) "苟其飢也無所不食, 苟其迫也無所不爲. 斯所以爲興亡之機." ≪化書≫, 〈食化〉 '興亡'편, 57쪽.
20) "食之道非細也." ≪化書≫, 〈食化〉 '巫像'편, 52쪽.

때가되면 죽음에 이르는 나약한 존재들이다. 그러므로 사람들은 지극히 평등한 존재이다. 이러한 사람들이 모여 사는 사회에서는 욕망할 것이 별로 없으므로 경쟁이 없고 갈등이 없고 다툼이 없다.

담초는 이러한 사회를 "가깝고 먼 구분이 없고, 사랑하고 미워하는 구분이 없는"[21) '태화太和'의 사회라고 했다. '태화'의 사회는 계급이 없고 갈등이 없고 다툼이 없는 사회이며, 모두가 평등한 사회이다. 담초가 강조하는 것은 '변화'를 통해 '태화'의 사회로 돌아가는 것이다. 그러나 주목할 필요가 있는 것은, 담초가 '태화'의 사회로 돌아가야 한다고 생각하는 것은 모든 문명을 없애고 원시시대로 돌아가자는 것이 아니라 태고시대의 사회처럼 먹고사는 문제로 갈등하지 않는 사회로 돌아가자는 것이다. 그러기 위해 필요한 것은 개개인이 살기위해 필요한 기본적인 것을 누릴 수 있도록 해야 하며, '먹을거리'로 인해 생명이 위협받는 일이 없도록 해야 한다.

담초의 관념에서 '태허'의 단계는 모든 것이 통하고 모든 것이 하나가 되는 단계이다. 이러한 단계는 인간과 사회가 궁극적으로 지향하거나 돌아가야 할 단계이다. '도'의 발전방향에 역행해 '태허'의 단계로 되돌아가는 것은 개인적인 방면에서 보면 '형체'

---

21) "無親無疏, 無愛無惡." ≪化書≫, 〈仁化〉 '太和'편, 43쪽.

의 속박에서 벗어나 불노장생을 추구하는 길이며, 사회적인 방면에서 보면 혼란한 사회를 극복하고 오랫동안 안정될 수 있는 사회를 건설하는 방법이다. 이처럼 ≪화서≫는 개인의 수양을 사회혼란을 치유하는 방면에 까지 확대한다. ≪화서≫에서 가장 이상적인 양생술은 개인의 수양을 통해 이상적인 사회 환경을 실현하는 것이다.22) 이러한 점은 유학에서 말하는 개인의 수양을 통해 모든 사람이 도덕적 인간이 되면 가정과 사회, 국가가 바로서고 천하가 태평해진다는 '수신修身, 제가齊家, 치국治國, 평천하平天下'의 사상과 유사하다.

그러나 ≪화서≫의 특징은 인간의 변화와 사회의 변화에 모두 관심을 가진다는 점이다. 인간과 사회의 문제에서 유학은 주로 인간의 문제에 관심을 가졌으며 사회 구조의 변화문제를 이야기 하지 않았다. 군주전제라는 사회구조는 변할 수 없는 특징이며, 이러한 구조에 문제가 있다는 것을 생각하지 않았다. 그러므로 사회의 변화가 아니라 인간의 변화에 초점이 맞추어져 있으며, 인간의 변화를 통해 사회의 변화를 이끌 수 있다고 생각했

---

22) 담초가 변화를 강조하는 목적은 모든 것이 변한다는 자연관에서 출발해서 사회관에 까지 적용하기 위해서이다. 사람들이 자연현상에서 虛의 도리를 깨달아 언행을 지도하면 사회는 모반, 쟁탈, 패망이 나타나지 않을 것이며 사람의 관계는 화합을 유지할 수 있다. 罗耀九, 〈譚峭'化書'談怎样处理人際關係〉, ≪福建論壇(文史哲版)≫ 05기, 1997년, 22쪽.

다. 그러나 담초는 인간의 변화와 사회구조의 변화에 모두 관심을 가졌다. 그가 생각하기에 사회는 늘 변하는 가운데 있으며, 이러한 변화는 이상적인 방향으로 나아가는 것이 아니라 혼란한 방향으로 나아간다. 그러므로 이러한 변화에 인간이 적극적으로 참여해야 한다. 인간이 능동적으로 사회변화에 개입해 사회의 이상적인 발전방향을 이끌어 내어야 한다. 이는 전제 군주제라는 고착화된 정치·사회·문화 환경에서 직접적으로 사회변화의 필요성을 제기한 것이라 할 수 있다.

우주 만물은 모두 운동하고 변화하는 가운데 있다. 이러한 변화는 대부분의 사상가들이 인식하는 부분이다. 그러나 사회가 늘 변하는 가운데 있으며, 사람이 이러한 변화의 과정에 개입해 적극적으로 변화를 이끌어야한다는 것은 기타 사상가들에게 찾아보기 어려운 담초 사상의 매우 독특한 특징이라 할 수 있다.

≪화서≫의 전체적인 체계는 '도'의 순방향과 역방향이라는 두 방향을 통해 이루어졌다. 이러한 ≪화서≫의 체계에서 드러나는 것은 주체적이고 능동적이 인간관이다. 자연적인 변화는 필연적으로 생성과 소멸이라는 순환구조를 따른다. 이러한 변화는 끊임없이 이루어지지만 인간의 노력으로 변화를 이끌어갈 수도 있고 방향을 바꿀 수도 있으며 역행할 수도 있다. 만약 사람이 태어나서 죽음에 이르는 필연의 과정을 겪는다면 이러한 방향에 역행하면 죽음을 미룰 수도 있고 초월할 수도 있다. 만약 사회가

생성과 쇠락이라는 '도'의 발전 방향을 따른다면 이러한 발전방향을 거스르면 사회의 쇠락을 늦출 수도 있고 오랫동안 안정된 사회를 유지할 수도 있다. 그러므로 사람은 마땅히 자연적인 변화의 과정에 개입해 주동적으로 그 변화를 이끌어야 한다.

담초가 ≪화서≫에서 변화에 대한 인간의 적극적인 참여를 강조한 것은 자연·인간·사회에서 인간의 주체적인 역할을 강조한 것이다. 그는 한편으로 만물이 생장하고 소멸하는 자연 규율을 존중했으며, 다른 한편으로 그러한 규율에 갇히려하지 않았고, 자연규율과 싸워 적극적으로 장생불사의 목적에 도달하려 했다. 이러한 목적에 도달하기 위해 개인의 수양을 중시했으며, '도'를 닦아 자연 규율을 거슬러야 한다고 주장했다. 또 한편으로 개인의 수양을 사회 혼란을 치유하는 방면에 까지 확대해 적극적으로 사회의 변화를 이끌어야 한다고 주장했다.

이처럼 담초가 ≪화서≫에서 보여주는 것은 모든 사람은 자율적이고 주체적인 존재로서 자신의 운명을 스스로 주제할 수 있다는 신념이다. 이러한 신념은 나의 삶을 스스로 이끌어갈 수 있다는 신념이며, 사회의 변화에 참여해 능동적으로 사회를 이끌어 갈 수 있다는 신념이다. "나의 운명은 나에게 달려있는 것이지 하늘에 달려있는 것이 아니다." 도교에서 인간은 자신의 운명을 타율적 자연의 흐름에 맡기는 것이 아니라 자율적으로 조절할 수 있는 주체적이고 능동적인 존재이다. 담초는 이러한 도교사상의 영향을 받아 운명을 결정하는 주체는 하늘이 아니라 자기 자신이라는 것을 명확하게 지적한다.

사람은 마땅히 주동적으로 자신의 운명에 관심을 가져야한다. 어떻게 하면 이러한 사회에 적응하며 살아갈까를 생각하기보다 어떻게 하면 이러한 사회를 바꿀 수 있을까를 생각해야한다. 사회가 혼란하고 자신의 실존성이, 자신의 생명이 전면적으로 위협받는 상황임에도 주어진 운명을 그대로 받아들이고 살아간다면 이는 조금의 주체의식도 없는 것이다. 또한 생각만하고 실제로 행동하지 않는다면 이러한 사람은 가능적 주체로서의 인간일 뿐 현실적 주체로서의 인간이 아니다. 실제로 행동했을 때 비로소 주체적인 인간이 될 수 있다. 그러므로 사람은 마땅히 적극적으로 참여하고 적극적으로 행동해야한다. 바람 앞의 등불 같은 인생이 아니라 바람에 적극적으로 맞서는 인생이어야 한다.

---

* 이 문장은 2016년 2월 대한철학회 논문집 《철학연구》 제137집에 발표한 논문 《담초〈화서〉의 이론체계에 관한 연구》의 일부를 편집해서 수록한 것임을 밝혀둔다.

담초의 생명사상

1. 담초 생명사상의 특징

귀생貴生, 즉 생명을 중시하는 것은 중국사상 가운데 도가와 도교에서 두드러지게 나타나는 특징이다. 그러나 도가와 도교에서 중시하는 생명은 차이가 있다. 예를 들어 노자는 "사람은 모두 태어나서 죽음에 이르는데 오래 사는 사람이 열 명 가운데 세 명 있고 일찍 죽는 사람이 열 명 가운데 세 명 있다. 그런데 사람이 살아가면서 죽을 곳으로 움직이는 사람 또한 열 명 가운데 세 명 있는데 어찌 그런가? 그들은 너무 삶에 집착하기 때문이다."[1]라고 말했다. 장자는 "옛날의 진인은 삶을 즐거워하지도 않았고 죽음을 싫어하지도 않았다. 태어남을 기뻐하지도 않았고 돌아감을

---

1) "出生入死, 生之徒十有三, 死之徒十有三, 人之生, 動之死地亦十有三, 夫何故, 以其生生之厚." ≪道德經≫ 50장.

거부하지도 않았다. 거침없이 가고 거침없이 왔을 따름이다."[2]라고 말했다. 이와 같은 노자와 장자의 말에서 알 수 있듯이 도가에서 추구하는 생명은 주로 삶과 죽음을 초월하는 '정신생명'이다.[3]

이와 달리 도교에서 중시하는 생명은 '육체생명'이다. 한漢대의 도교 경전인 ≪태평경≫은 세상에서 "사람의 생명이 가장 중요하다."[4]라고 말했다. "사람은 한번 태어나면 다시 태어날 수 없으며",[5] "죽은 사람은 살아날 수 없고 없어진 사람은 존재할 수 없다."[6] 인생이란 태어나서 삶을 살아가다 죽음에 이르는 과정이다. 이러한 인생의 과정에서 가장 중요한 것은

---

2) "古之眞人, 不知說生, 不知惡死. 其出不訴, 其入不距, 翛然而往, 翛然而來而矣." ≪莊子 · 大宗師≫.

3) 노자와 장자도 '육체생명'을 결코 소홀히 하지 않았다. 예를 들면 노자는 "명예와 자신 중에 어느 것이 더 중요한가? 자신과 재물 중에 어느 것이 더 대단한가?名與身孰親, 身與貨孰多."(≪道德經≫ 44장)라고 하여 생명의 중요성을 강조했으며, 장자는 "소인은 사사로운 이익을 위해 생명을 버리고, 사인은 명성을 위해 생명을 버리고, 대부는 국가를 위해 생명을 버리고, 성인은 천하를 위해 생명을 버린다小人則以身殉利, 士則以身殉名, 大夫則以身殉家, 聖人則以身殉天下."(≪莊子 · 駢拇≫)라고 하여 외적인 것들 때문에 생명을 손상시키지 말아야 한다고 주장했다. 그러나 노자와 장자의 전체적인 사상에서 보았을 때 그들이 더욱더 중요하게 생각한 것은 삶과 죽음을 초탈하는 '정신생명'이다.

4) "人命最重." 王明 編, ≪太平經合校≫, 中華書局, 1960년, 34쪽.

5) "人人各一生, 不得再生也." ≪太平經合校≫, 340쪽.

6) "死者不可生也, 亡者不可存也." 葛洪 저, 張泳暢 편역, ≪포박자≫, 자유문고, 1989년, 48쪽.

무엇일까? "똥밭에 굴러도 이승이 좋다."라는 말이 있다. 인생의 과정에서 가장 중요한 것은 살아있는 '이 순간'이다.

지금 이 순간 우리가 살기 위해 가장 필요한 것은 무엇일까? 그것은 바로 우리가 숨을 쉬고, 보고, 듣고, 느낄 수 있도록 하는 생명이다. 우리는 몸속에 '생명'이라는 고귀한 존재가 있기 때문에 삶을 영위할 수 있고, 희노애락과 같은 감정을 느낄 수 있다. 흔히 사람이 죽으면 '생명줄'이 끊어졌다고 한다. 생명은 사람이 살기위해 반드시 지켜야하는 것이다. 그러므로 사람에게 가장 중요한 것은 생명이며, 생명을 지키고 연장하는 것이 인생에서 매우 중요한 의미를 지닌다.

도교에서 가장 중요하게 생각하는 것은 이처럼 살기위해 필요한 '육체생명'이다. '내단內丹'과 '외단外丹'을 수련해 불로장생을 추구하고 도를 닦아 신선이 되려는 것은 모두 '육체생명'을 보존하기 위해서이다. 아무리 좋고 아름다운 것이라도, 그 어떤 부귀영화라 하더라도 몸을 해치거나 생명을 지키고 보존하는데 도움이 되지 않으면 아무런 의미가 없다. 그래서 "오래 사는 것을 추구하는 도가 가장 지극한 도이다."[7]라고 말하며, "세상에서 생명을 오래도록 보존하는 것이 최고의 선이다."[8]라고 말한다.

---

7) "長生之道, 道之至也." ≪포박자≫, 46쪽.
8) "三万六千天地之間, 壽最爲善." ≪太平經合校≫, 222쪽.

도교에서 가장 이상적인 사람은 자신의 생명을 잘 지키고 또한 타인의 생명을 해치지 않는 사람이며, 가장 이상적인 사회는 사회구성원이 생명을 잘 지키며 살아갈 수 있는 사회이다.

담초는 이와 같은 도교 생명사상의 영향을 받았다. 이러한 사실은 다음과 같은 문장에서 잘 드러난다.

> 무릇 개인의 명성에 이로운 점이 있지만 몸에 이로운 점이 없다면 어찌 이로움이라 할 수 있겠는가? 몸 이외에 얻는 것이 있고 몸에 얻는 것이 없다면 어찌 얻는 것이라 할 수 있겠는가?[9]

이 문장에서 드러나듯이 담초가 생각하는 생명은 세상의 그 무엇과도 바꿀 수 없는 가장 높은 가치이다. 사람의 모든 행위는 생명을 지키는데 도움이 되어야 합리적인 것이며, 생명을 해치는 행위라면 합리적인 것이 아니다. 생명을 존중하는 사람이 가장 도덕적인 사람이며, 생명을 존중하지 않는 사람이 가장 도덕적이지 않은 사람이다. 사회역시 마찬가지이다. 사회구성원이 생명을 지키며 살아갈 수 있는 사회가 가장 아름다운 사회이며, 생명을 지키며 살아갈 수 없는 사회가 가장 추악한 사회이다. 사회구성원이 생명을 지키며 살아갈 수 없다면 그 사회는 도덕

---

9) "夫賢於人而不賢於身, 何賢之謂也. 博於物而不博於己, 何博之謂也." 譚峭撰, 丁禎彦, 李似珍点校, ≪化書≫, 〈德化〉 '飛蛾'편, 1996년, 30쪽.

이 몰락하고 질서가 무너지고 정의가 사라진 사회라는 것을 의미한다.

담초가 "금수는 사람과 어떤 차이가 있는가?"[10]라고 물었듯이 생명의 관점에서 보면 사람과 금수는 다르지 않다. 하물며 사람과 사람사이에는 그 어떤 차이도 없다. 모두 먹고 마시고 입어야 생명을 유지할 수 있으며, 생명을 유지해야 살 수 있다. 생명을 지키는 것은 삶의 가장 큰 이유이자 목적이다. 그 어떤 사람도 다른 사람의 생명을 위협하거나 억압하면 안 된다. 만약 생명이 위태로워지고 삶을 보장할 수 없다면 불가피하게 서로 다투고 갈등하게 되며, 타인의 생명을 해치는 일까지 벌어진다. 그러므로 인간과 사회는 사회 구성원이 생명을 잘 지키며 살아갈 수 있도록 하는데 가장 큰 의미를 두어야 한다.

2. 생명의 근원: 먹을거리

우리가 생명을 유지하기 위해 필요한 것이 많이 있다. 예를 들어 공기·물·햇빛이 없으면 생명을 유지 할 수 없다. 고맙게도 우리가 살고 있는 지구는 이러한 것을 기본적으로 제공한다.─물론 지구촌 곳곳에서 물 부족으로 인해 수많은 사람이 힘

---

10) "夫禽獸之於人也何異." ≪化書≫, 〈仁化〉'畋漁'편, 41쪽.

겹게 살고 있지만-이러한 것 이외에 가장 중요한 것은 '먹을거리'이다. 생명은 '모든 생물이 살아서 활동할 수 있는 힘'이라고 한다. 이러한 힘은 생물이 섭취한 '먹을거리'를 통해 얻을 수 있다. 생명을 유지하기 위해 가장 필요한 것은 '먹을거리'이다. 고자는 "식욕과 성욕은 인간의 본성이다."[11]라고 말했다. 사람의 욕구 중에 가장 본질적인 것은 '먹을거리'에 대한 욕구라고 볼 수 있다. 이러한 욕구를 만족시키지 못하면 생명을 유지할 수 없고 삶을 보장할 수 없다.

'먹고살기 위해서', 이 말보다 더 절박한 말이 있을까? 사람은 모두 먹고살기 위해 절박하게 살아간다. 어쩌면 "왜 사느냐?"의 질문에 "먹고살기 위해 산다."라는 대답이 가장 본질적인 대답일지도 모른다. 사람에게 가장 중요한 것은 삶의 문제이며, 살기위해 반드시 필요한 것이 '먹을거리'이다. 바로 이러하기 때문에 담초는 '먹을거리'에 매우 큰 의미를 부여했다. 좀 더 구체적으로 살펴보면 다음과 같다.

첫째, 먹을거리는 생명의 근원이다. 담초가 본 당(唐) 말기 사회는 매우 혼란했다. 일반 백성은 "누에가 없어 거친 모시로 옷을 만들어 입고 양식이 없어 도토리로 허기를 달래야 했으며"[12] 통

---

11) "食色, 性也." ≪孟子≫, 〈告子〉 章句上.
12) "蚕告終而繰葛苧之衣, 稼云畢而飯橡櫟之實." ≪化書≫, 〈食化〉 '七奪' 편, 51쪽.

치자는 "백성의 노동을 착취해 성곽을 쌓고 백성의 식량을 강탈해 축적했다."[13] "사람이 되는 것이 벌레가 되는 것 보다 못한"[14] 매우 비참한 사회였다. 이러한 사회에서 담초가 눈여겨 본 부분은 생명조차 지키기 어려운 백성의 삶이었다. 살기위해 필요한 기본적인 것조차 누릴 수 없는 사회에서 일반 백성에게 가장 중요한 것은 삶을 위한 최저 조건을 보장 받는 것이다. 담초가 "하루를 먹지 않으면 피로하고, 이틀을 먹지 않으면 병이 나며, 삼일을 먹지 않으면 사망한다. 백성의 일 가운데 먹을거리보다 절박한 것은 없다."[15]라고 단정했듯이 삶을 위한 최저 조건은 '먹을거리'이다. '먹을거리'는 모든 생명체가 생명을 유지하기 위해 반드시 필요한 것이므로 가장 근원적인 의미를 지닌다.

> 먹을거리는 물건으로는 매우 보잘것없지만 그것의 작용은 매우 고귀하며, 그것의 이름은 매우 자잘하지만 만물을 변화시키는 작용은 매우 크니 가치를 따질 수 없는 보물이라 할 수 있다.[16]

이 문장에서 알 수 있듯이 담초가 생각하는 '먹을거리'는 단지

---

13) "窮民之力以爲城郭, 奪民之食以爲儲蓄." ≪化書≫, 〈德化〉 '有國'편, 32쪽.
14) "爲人不若爲蟲." ≪化書≫, 〈食化〉 '鴟鳶'편, 59쪽.
15) "一日不食則憊, 二日不食則病, 三日不食則死. 民事之急, 無甚於食." ≪化書≫, 〈食化〉 '七奪'편, 51쪽.
16) "其物甚卑, 其用甚尊, 其名尤細, 其化尤大, 是謂無價之寶." ≪化書≫, 〈食化〉 '鴟鳶'편, 59쪽.

허기를 달래는 음식이 아니라 만물을 변화시키는 원동력이다. 담초는〈식화〉'식미'편에서 "관리가 녹봉을 받기위해 일하는 것은 녹봉을 먹을거리로 바꿀 수 있기 때문이며, 상인이 재물을 모으기 위해 일하는 것은 재물을 먹을거리로 바꿀 수 있기 때문이다."[17]라고 말했다. 그의 말처럼 근본적으로 생각해보면 사람의 모든 활동은 '먹을거리'를 마련하기 위해 이루어진다고 볼 수 있다. 사람들은 먹고살기 위해 살아가고, 먹고살기 위해 사회를 이루며, 먹고살기 위해 갈등하고 투쟁한다.

둘째, '먹을거리'는 사회 혼란의 원인이다. 유가는 '인성'이 사라지고 '도덕'이 몰락한 것이 사회혼란의 원인이라 생각한다. 그러므로 모든 사람이 수양을 통해 도덕성을 회복하고 도덕적, 윤리적 자아를 확립하는 것이 혼란한 사회를 바로잡을 수 있는 가장 중요한 방법이다. 담초는 좀 더 현실적인 방면에서 사회혼란의 원인을 바라보았다.

부스럼은 사람을 고통스럽게 하고 불은 사람을 초조하게 하는데 백성이 기근을 부스럼에 비유하고 굶주림을 불에 비유하는 이유는 정서가 절박함이 있기 때문이다. 무릇 절인 생선과 썩은 시체는 다르지 않고 창난젓과 발의 때는 다르지 않은데 사람들이 항상 그러한 것을 먹는다. 배부를 때도 이와 같은데 굶주리면 어

---

17) "官所以務祿, 祿所以務食, 賈所以務財, 財所以務食." ≪化書≫, 〈食化〉 '食迷'편, 55쪽.

떻게 할지 알 수 있다. 만약 굶주리면 먹지 못하는 것이 없으며 절박해지면 하지 못하는 것이 없다. 이것이 바로 나라가 흥하고 망하는 관건이다.[18]

담초가 "만약 굶주리면 먹지 못하는 것이 없고 절박하면 하지 못하는 것이 없다."라고 말했듯이 사람들은 '먹을거리'가 없으면 불가피하게 다투고 갈등하며, 타인의 생명까지 해치게 된다. 그의 관념에서 사회가 혼란한 이유는 생존을 위한 최저조건을 보장받지 못하기 때문이다. 강자의 약자에 대한 억압과 착취, 약자의 강자에 대한 저항과 투쟁, 사회 구성원 사이의 갈등과 대립, 이로 인한 사회의 혼란은 모두 '먹을거리'를 둘러싸고 전개된다. 그래서 담초는 "먹을거리의 도는 결코 소홀히 할 수 없다."[19]라고 말했다.

정정언은 "담초가 같은 시대의 사상가들과 비교해서 뛰어난 부분은 경제적인 방면에서 농민이 봉기해 폭정에 저항하는 원인을 분석했다는 것이다."[20]라고 말한다. 그의 지적처럼 담초는

---

18) "瘡者人之痛, 火者人之急, 而民喩飢謂之瘡, 比餓謂之火, 蓋情有所切也. 夫鮑魚與腐尸無異, 鰒鱐與足垢無殊, 而人常食之. 飽猶若是, 飢則可知. 苟其飢也無所不食, 苟其迫也無所不爲, 斯所以爲興亡之機." ≪化書≫, 〈食化〉 '興亡'편, 57쪽.
19) "食之道非細也." ≪化書≫, 〈食化〉 '巫像'편, 52쪽.
20) 丁禎彦, 〈譚峭'化書'的社会政治思想和哲学思想〉, ≪中国哲學史≫ 03 기, 1993년, 51쪽.

사회약자에 속하는 백성이 더 이상 살아가기 힘든 상황에서 일으키는 저항과 투쟁을 긍정적으로 바라보았다. "백성이 항상 굶주리고 백성의 마음이 항상 절박한데 인의로 설교한들 누가 믿겠는가? 형벌과 법령으로 위협한들 누가 두려워하겠는가?"[21] "부족하면 싸우고 얻지 못하면 반란을 일으키는 것"[22]은 필연적이다. 사람들이 늘 굶주리고 삶과 죽음의 기로에 서있다면 하지 못하는 일이 없다. 살기위해 행동하는 것은 모두 합리적인 것이다. "근육을 도려내어 그 고기를 먹으면 울 수밖에 없으며, 목을 눌러 먹이를 빼앗으면 분노할 수밖에 없다."[23] 백성은 생명을 지키기 힘든 현실에서 어쩔 수 없이 분노하고, 어쩔 수 없이 도둑질하며, 어쩔 수 없이 다른 사람의 생명을 해친다. 담초는 지배계층의 수탈과 억압으로 인해 사람들이 어쩔 수 없이 반항하고 투쟁하는 상황을 매우 극적으로 묘사하고 있다.

무릇 불이 가까이 오면 물속에 뛰어드는 이유는 반드시 죽는다는 것을 알지만 어느 정도 시간을 벌 수 있다는 기대 때문이며, 호랑이가 물려고 하면 계곡에 뛰어내리는 이유는 반드시 죽는다

---

21) "民復常饑, 民情常迫, 而論以仁義, 其可信乎? 講以刑政, 其可畏乎?" ≪化書≫, 〈食化〉 戰慾편, 中華書局, 1996년, 55쪽.
22) "不足則鬪, 不與則叛." ≪化書≫, 〈食化〉 '巫像'편, 52쪽.
23) "夫剗其肌, 啖其肉, 不得不哭, 扼其喉, 夺其哺, 不得不怒." ≪化書≫, 〈食化〉 '雀鼠'편, 58쪽.

는 것을 알지만 혹시 살 수 있다는 희망 때문이다.[24]

사람들은 생명을 지킬 수 없는 상황이 되면 자신의 행동이 무모한 짓인 줄 알면서도 어쩔 수 없이 목숨을 걸고 행동하게 된다. 노자는 "백성이 죽음을 두려워하지 않는다면 어떻게 죽음 따위로 그들을 두려워하게 할 수 있단 말인가?"[25]라고 말했다. 만약 사람이 죽음조차 두려워하지 않고 생명조차 버릴 수 있는 단계까지 압박한다면 그들이 도적으로 변하고, 대규모 봉기가 일어나고, 사회가 혼란해지는 것은 지극히 당연한 일이다.

셋째, '먹을거리'는 모든 가치에 우선한다. 늘 굶주리는 사람에게 도덕적인 행위를 요구할 수 있을까? 생명이 위협받는 상황에서 의롭지 않은 행위를 한다고 비난할 수 있을까?

지혜로운 자는 작은 쥐를 공격하는 올빼미와 솔개를 불쌍히 여기고 죽은 벌레를 운반하는 땅강아지와 개미를 탄식하며 벌레가 되는 것은 사람이 되는 것보다 못하다고 말한다. 그들이 모르는 것은 흉년이 되면 구린내 나는 시체를 쟁탈하고 혹한이 계속되면 부모와 자식의 고기를 먹는다. 승냥이와 이리도 차마 하지 못하는 일을 사람이 하게 되니 사람이 되는 것은 벌레가 되는 것보다 못하다. 그래서 알 수 있는 것은 군주가 먹을거리가 없으면 반드

---

24) "且夫火將逼而投於水, 知必不免, 且貴其緩, 虎將噬而投於谷, 知必不可, 或覬其生." ≪化書≫, 〈食化〉 '絲綸'편, 53쪽.
25) "民常不畏死, 奈何以死懼之?" ≪道德經≫ 74장.

시 어짊이 없어지고, 신하가 먹을거리가 없으면 반드시 의로움이 없어지고, 사대부가 먹을거리가 없으면 반드시 예의가 없어지고, 백성이 먹을거리가 없으면 반드시 지혜가 없어지며, 모든 사람이 먹을거리가 없으면 반드시 믿음이 없어진다. 그러므로 먹을거리는 오상의 근본이며 오상은 먹을거리의 말단이다.[26]

담초는 이 문장에서 "먹을거리는 오상의 근본이며 오상은 먹을거리의 말단이다."라고 말한다. 만약 흉년과 혹한이 지속되어 백성이 먹을거리가 없어 구린내 나는 시체조차 먹어야하는 현실임에도 지배계층은 방탕한 생활을 하고 자신의 욕망을 채우기 위해 끊임없이 백성을 착취한다면, 이러한 사회에서 '오상五常'을 이야기하고 윤리, 도덕을 이야기하는 것은 가식적인 것이다. 그래서 담초는 "도덕은 진실하지 않은 부분이 있고, 인의는 미치지 못하는 부분이 있으며, 형법과 예교는 부족한 부분이 있다."[27]라고 말했다.

담초는 기본적으로 유가의 윤리에 비판적인 태도를 취했다.

---

26) "有智者憫鴟鳶之擊腐鼠, 嗟螻蟻之駕髇蟲, 謂其爲蟲不若爲人. 殊不知, 當歉歲則爭臭髇之尸, 値嚴圍則食父子之肉. 斯豺狼之所不忍爲, 而人爲之, 則其爲人不若爲蟲. 是知, 君無食必不仁, 臣無食必不義, 士無食必不禮, 民無食必不智, 萬類無食必不信. 是以, 食爲五常之本, 五常爲食之末." ≪化書≫, 〈食化〉'鴟鳶'편, 59쪽.

27) "道德有所不實, 仁義有所不至, 刑禮有所不足." ≪化書≫, 〈道化〉'大化'편, 9쪽.

하지만 그는 유가의 윤리 그 자체를 부정한 것이 아니라 지배계층이 백성에게 한편으로는 의미 없고 가식적인 설교를 하면서 다른 한편으로는 "백성의 노동력을 착취해 성곽을 축조하고, 백성의 식량을 강탈해 축적하는"[28] 행위에 반대했다. 이러한 사실은 담초가 '상도'편에서 "인과 의는 항상 행해야하는 도이지만 그것을 행하는 방법을 모르기 때문에 나라를 망하게 하는 것이다."[29]라고 말한 것에서 알 수 있다.

"오상이 전체사회에 널리 보급되어 실시될 수 있는가 없는가의 관건은 사람들의 물질생활이 큰 문제가 있는가 없는가에 달려있다. 사람들이 빈곤해서 입고 먹는 것조차 해결할 수 없다면 인의의 도는 실현되기 어렵다."[30] 만약 사람들이 먹을거리가 없어 배에서 꼬르륵 소리가 나고 기력이 다해 더 이상 살아갈 힘이 없다면 살아남아야 한다는 동물적 본능이외에 아무것도 남지 않는다. 먼저 생명을 유지하기 위한 최저조건인 '먹을거리'문제가 해결되어야 윤리, 도덕이 비로소 그 의미를 지닌다. 다시 말하면 살아가는데 필요한 실질적인 문제를 해결하지 않으면 윤리, 도

---

28) "窮民之力以爲城郭, 奪民之食以爲儲蓄." ≪化書≫, 〈德化〉'有國'편, 32쪽.
29) "仁義者常行之道, 行之不得其術, 以至於亡國." ≪化書≫, 〈德化〉'常道'편, 34쪽.
30) 羅耀九, 〈譚峭'化書'談怎样處理人際關係〉, ≪福建論壇≫ 05기, 1997년, 23쪽.

덕은 그 가치와 의미를 잃어버린다. 그래서 담초는 "백성을 교화하는 가장 좋은 방법은 먹을거리에 있으며 백성을 교화하는 가장 나쁜 방법 역시 먹을거리에 있다."[31]라고 했으며, "천자에서 서인에 이르기까지, 모든 민족에 이르기까지 먹을거리로 소통할 수 있다."[32]라고 했다. 이러한 생각은 사실상 '먹을거리'가 모든 가치에 우선한다는 관념을 드러내는 것이며, '먹을거리'에 가장 높은 가치를 부여하는 것이다.

'먹을거리'를 매우 중요하게 생각하는 것은 담초의 사상에서만 드러나는 특징이 아니다. 예를 들어, 노자는 "성인의 다스림은 그 마음을 비우게 하고, 그 배를 채우게 하며, 그 뜻을 약하게 하고, 그 뼈를 강하게 하는 것이다."[33]라고 말했다. 맹자는 제齊나라 선왕宣王이 정치에 대해 묻자, "경제적인 생활이 안정되지 않아도 항상 바른 마음을 가질 수 있는 것은 오직 선비만 가능한 일입니다. 만일 백성이 경제적으로 안정되지 않으면 바른 마음을 가질 수 없습니다."[34]라고 대답했다. 이처럼 노자와 맹자는

---

31) "教之善也在於食, 教之不善也在於食." ≪化書≫, 〈食化〉'鴟鳶'편, 59쪽.
32) "自天子至於庶人, 暨乎萬族, 皆可以食而通之." ≪化書≫, 〈食化〉'無爲' 편, 58쪽.
33) "聖人之治也, 虛其心, 實其腹, 弱其志, 强其骨, 常使民無知無欲." ≪道德經≫ 3장.
34) "無恒産而有恒心者唯士爲能, 若民則無恒産因無恒心." ≪孟子≫, 〈梁惠王〉 章句上.

모두 백성이 먹고사는 문제를 해결하는 것이 정치의 가장 중요한 내용이라 생각했으며, 먹을거리가 윤리도덕에 우선하는 관념을 드러내었다.

그러나 담초의 다른 특징은, 그가 ≪화서≫의 제5장 〈식화〉편과 제6장 〈검화〉편에서 '먹을거리'를 하나의 주제로 삼아 사회의 내재적 모순을 깊이 탐구하고 나아가 사회혼란을 치유할 수 있는 길을 찾으려했다는 것이다. 또한 담초의 사상체계에서 '먹을거리'는 단지 굶주림을 해결해주는 음식이 아니라 우주만물의 최고 가치인 '도'와 동등한 의미를 지닌다는 것이다. 그는 '도가 만물의 근원인 동시에 만물이 생성·변화·소멸하는 내재적 근거이듯 '먹을거리'는 인간사회의 근원인 동시에 인간사회가 생성·변화·쇠락하는 내재적 근거라 생각했다. 이와 같이 '먹을거리'가 모든 것을 결정한다고 강조하는 것은 담초사상의 독특한 특징이라 할 수 있다.[35]

담초의 생각은 지극히 현실적인 곳에 머물러 있다. 그가 당시 사회를 비판하면서 드러내는 것은 생명의 가치와 존엄성이 짓밟히는 사회의 모습이며, '사람이 벌레보다 못한'시대에 태어나 살기 위해 발버둥치는 인간의 모습이다. 인간의 모든 갈등과 투쟁은 생존을 둘러싸고 일어나며 생명을 지키기 위해 벌어진다. 만약

---

35) 林勝利, 〈紫霄真人譚峭考略〉, ≪中國道教≫ 03기, 1989년, 33쪽 참고.

생명을 지키는 것이 삶의 전제라면 '먹을거리'는 인간사회에서 가장 먼저 해결해야 할 문제라 할 수 있다.

3. 생명의 어울림: 나눔과 절약

앞에서 살펴보았듯이 담초는 인의가 사라지고 도덕이 몰락하고 사회가 혼란한 이유는 사람들이 '먹을거리'를 보장받지 못하기 때문이라 생각했다. 바꾸어 말하면 '먹을거리'를 보장받을 수 있으면 어느 정도 윤리도덕을 확립할 수 있고 혼란한 사회를 바로잡을 수 있다는 것이다. 그래서 담초는 "먹을거리를 고르게 나누어야 천하를 잘 다스릴 수 있다."[36]고 말했다. 담초의 관념에서 가장 이상적인 사회는 '먹을거리'를 보장받을 수 있는 사회이다. 이러한 사회 환경을 만들기 위해 그가 제기한 방법이 바로 '나눔'이다.

생명의 관점에서 보면 사람은 이기적인 동물이다. 자신의 생명을 가장 소중하게 생각하며 자신의 생명을 지키기 위해 움직인다. 그렇기 때문에 타인의 생명을 희생시키면서 자신의 생명을 지키려 한다. 사회 구성원이 서로 대립하고 갈등하고 증오하며, 살인까지 일삼은 것은 사실상 사람들이 다른 사람의

---

36) "能均其食者, 天下可以治." ≪化書≫, 〈食化〉 '奢儉'편, 53쪽.

생명을 존중하지 않기 때문에 일어나는 것이다. 담초의 관념에서 보면 이러한 이기적인 모습이 가장 구체적으로 드러나는 부분이 '약탈'이다. '약탈'은 가장 광범위하게 타인의 생명을 무시하고 배척하고 억압하는 것이다. 반대로 '나눔'은 타인의 생명에 관심을 가지는 것이며, 타인의 생명을 존중하고 보호하는 것이다. 그러므로 '나눔'은 매우 큰 도덕적, 윤리적 가치를 지닌다.

> 먹을거리가 고르게 나누어지면 인의가 나타나고, 인의가 나타나면 예악이 바로서고, 예악이 바로서면 백성이 불평하지 않고, 백성이 불평하지 않으면 신이 노하지 않으니 이것이 바로 태평의 시작이다.[37]

담초는 〈식화〉, '치연'편에서 먹을거리가 부족하면 "어짊이 없어지고, 의로움이 없어지고, 예의가 없어지고, 지혜가 없어지고, 믿음이 없어진다."라고 말했다. 이 문장에서는 반대로 먹을거리가 고르게 나누어지면 "인의가 나타나고, 예악이 바로서고, 태평 시대가 시작된다."라고 말한다. 이러한 담초의 생각에서 알 수 있듯이 '먹을거리'를 고르게 나누는 것은 윤리, 도덕을 확립하고 혼란한 사회를 바로잡을 수 있는 근본적인 방법이다. 그러나 재화가 한정되었고 누릴 수 있는 것이 많지 않다면 '나눔'을 실천하

---

37) "食均則仁義生, 仁義生則禮樂序, 禮樂序則民不怨, 民不怨則神不怒, 太平之業也." ≪化書≫, 〈儉化〉'太平'편, 61쪽.

기란 쉽지 않다. 이러한 문제를 해결하기 위해 담초가 제기한 방법이 '절약'이다.

우리는 '내가 누군가에게 무엇을 빼앗는 것'이 '약탈'이라 생각한다. 그러나 빼앗지 않아도 약탈할 수 있는 방법이 있다. 내가 욕심내고 많이 가지려하면 다른 사람이 가질 수 있는 것이 적어진다. 이렇게 되면 의도하지 않는 약탈이 이루어진다. 그래서 담초는 직접과 간접이라는 두 방면에서 약탈을 이야기한다. 그가 '칠탈'편에서 밝힌 것처럼 '왕의 약탈, 벼슬아치의 약탈, 말단 관리의 약탈, 전쟁의 약탈, 예술의 약탈, 장사꾼의 약탈, 도교와 불교 무리의 약탈'과 같은 것이 직접적인 약탈이다. 이러한 약탈 이외에도 '유국'편에서 말한 것처럼 '성곽 축조, 노동력 착취'와 같은 행위 및 '은상'편에서 말한 것처럼 '교만, 사치, 은혜, 상'과 같은 것도 간접적인 '약탈'의 행위에 해당한다. 반대로 우리는 '내가 누군가에게 무엇을 주는 것'을 '나눔'이라 생각한다. 이러한 '나눔'은 좁은 의미의 '나눔'이다. 좁은 의미의 '나눔'은 내가 가지고 있는 것을 나누어 주는 것이기 때문에 실천하기란 그리 쉽지 않다. 하지만 내가 가지고 있는 것을 주지 않아도 '나눔'을 실천할 수 있는 방법이 있다. 그 방법이 바로 '절약'이다. 노자는 "평소 검소하면 널리 베풀 수 있다."[38]라고 말했다. 담초는 바로

---

38) "儉故能廣." ≪道德經≫ 67장.

이러한 부분에 주목하는 듯하다.

> 누각과 정자를 지을 때 절약하면 백성의 힘이 남아돌고, 재물에서 절약하면 백성의 재물이 남아돌며, 전쟁에서 절약하면 백성의 시간이 남아돈다. 주지 않아도 준 것과 같고 가지지 않아도 가진 것과 같다.[39]

> 내가 소박한 옷을 입으면 백성은 저절로 따뜻해지며 내가 소박한 음식을 먹으면 백성은 저절로 배부르게 된다.[40]

> 한 사람이 절약할 줄 알면 한 가정이 부유해지고 왕이 절약할 줄 알면 세상이 부유해진다.[41]

담초가 생각하는 '절약'은 '나눔'을 가장 효과적으로 실현하는 길이다. 내가 절약하면 다른 사람이 누릴 수 있는 것이 저절로 많아진다. 담초는 바로 이러한 관점에서 '나눔'을 바라본다. '나눔'의 핵심은 억지로 '나누어주는 것'이 아니라 '절약하는 것'이다. 국가적인 차원에서 보면 전쟁을 줄이고, 불필요한 토목공사를 줄이고, 세금을 아끼면 곧 '나눔'을 실천하는 것이다. 개인적인인 차원에서 보면 평소 검소하게 생활하고 절약을 몸에 익히면 이러한

---

39) "所以儉於臺榭則民力有餘, 儉於寶貨則民財有餘, 儉於戰伐則民時有餘, 不與之由與之也, 不取之由取之也." ≪化書≫, 〈儉化〉'雕籠'편, 69쪽.
40) "我服布素則民自暖, 我食葵藿則民自飽." ≪化書≫, 〈食化〉'無爲'편, 58쪽.
41) "一人知儉則一家富, 王者知儉則天下富." ≪化書≫, 〈儉化〉'慳號'편, 64쪽.

행위가 '나눔'을 실천하는 것이다. 탐욕·향락·사치·소비는 결국 '약탈'이며 이러한 것이 사회혼란의 원인이 된다.

> 무릇 어진 일을 하면서 절약하지 않으면 어질지 않은 일이 나타나고, 의로운 일을 하면서 절약하지 않으면 의롭지 않는 일이 나타나고, 예에 부합하는 일을 하면서 절약하지 않으면 예의롭지 않은 일이 나타나고, 지혜로운 일을 하면서 절약하지 않으면 지혜롭지 않은 일이 나타나며, 진실한 일을 하면서 절약하지 않으면 진실하지 않는 일이 나타난다. 그래서 알 수 있는 것은 절약이 오상의 근본이며 오상은 절약의 말단이다.[42]

담초가 강조하는 '절약'은 단지 물질적인 욕망을 줄이고 검소하게 생활하는 차원을 넘어 '인의'가 일어나고 윤리, 도덕을 확립할 수 있는 기초이다. 만약 '절약'을 하지 않으면서 '인의'를 강조하고, 도덕적인 인간을 생각하고, 정의로운 사회를 꿈꾸고, 사회 구성원 간의 화합을 이야기한다면, 이는 본말이 전도된 것이다. 〈검화〉 '어일'편에 나오는 다음과 같은 이야기가 있다.

> 왕들은 모두 하나를 다스리면 천하를 통치할 수 있다는 것을 알지만 그 하나가 무엇인지 모른다. 모든 '도'는 하나가 있다. '인'

---

42) "夫仁不儉, 有不仁, 義不儉, 有不義, 禮不儉, 有非禮, 智不儉, 有無智, 信不儉, 有不信. 所以知儉爲五常之本, 五常爲儉之末." ≪化書≫, 〈食化〉 '損益'편, 70쪽.

또한 하나가 있고, '의' 또한 하나가 있고, '예' 또한 하나가 있고, '지' 또한 하나가 있으며, '신' 또한 하나가 있다. 하나가 이 다섯 가지를 통괄할 수 있고 이 다섯 가지가 하나를 이룰 수 있다. 이 하나를 얻을 수 있으면 천하를 다스릴 수 있다. ……하나의 도리를 지키려면 절약하는 방법밖에 없다. 절약으로 단속하면 '인'이 흔들리지 않고, '의'가 혼란해지지 않고, '예'가 사치스러워지지 않고, '지'가 변하지 않으며, '신'이 확고해진다. 그러므로 마음은 중심이 있게 되고, 다스림은 근거가 있게 되며, 다스림이 근거가 있으니 백성이 의지할 수 있게 된다.[43]

이 문장에서 알 수 있듯이 담초는 천하를 다스릴 수 있는 진정한 하나는 '오상'과 같은 윤리규범이 아니라 '절약'이라 생각한다. 담초의 관념에서 '절약'은 '오상'을 포괄하는 개념이다. '오상'은 '절약'을 벗어날 수 없으며 '절약'을 실천해야 '오상' 또한 실행할 수 있다. 그래서 담초는 〈식화〉 '치연'편에서 "먹을거리는 오상의 근본이며 오상은 먹을거리의 말단이다."[44]라고 말한 것처럼 〈검화〉 '손익'편에서 "절약은 오상의 근본이며 오상은 절약의 말단이다."[45]라고 말한다.

---

43) "王者皆知禦一可以治天下也, 而不知孰謂之一. 夫萬道皆有一, 仁亦有一, 義亦有一, 禮亦有一, 智亦有一, 信亦有一. 一能貫五, 五能宗一. 能得一者, 天下可以治. ……所以議守一之道, 莫過乎儉, 儉之所律, 則仁不蕩, 義不亂, 禮不奢, 智不變, 信不惑. 故心有所主, 而用有所本, 用有所本而民有所賴." ≪化書≫, 〈儉化〉 '御一'편, 67쪽.

44) "食爲五常之本, 五常爲食之末." ≪化書≫, 〈食化〉 '鴟鳶'편, 59쪽.

절약을 강조하는 것은 어느 학파나 마찬가지이다. 《대학》에서 "재물을 생산하는 데 좋은 방법이 있다. 생산하는 사람이 많고 소비하는 사람이 적으며, 만드는 사람이 열심히 하고 쓰는 사람이 더디면 재물은 항상 풍족하다."[46]라고 말했다. 《도덕경》에서도 "나는 늘 따르는 세 가지 보물이 있다. 하나는 사랑하는 것이고, 둘은 검소한 것이며, 셋은 세상일에 나서지 않는 것이다."[47]라고 말했다. 그러나 담초는 단지 '절약'의 중요성을 강조하는데 머물지 않고 '절약이 모든 변화의 근본'이라고 강조한다.

들는 데서 절약하면 태허의 경지를 배양할 수 있고, 보는 데서 절약하면 원신을 배양할 수 있고, 말하는 데서 절약하면 원기를 배양할 수 있다. 사사로운 데서 절약하면 재부를 지킬 수 있고, 공적인 데서 절약하면 직위를 유지할 수 있으며, 자기 집안에서 절약하면 도적이 없어지고, 궁궐을 지키는 데서 절약하면 반란이 없어진다. 관료사회에서 절약하면 간사하고 아첨하는 사람이 없어지고, 궁녀가 절약하면 목숨을 보전할 수 있으며, 마음에서 절약하면 생사를 벗어날 수 있다. 여기에서 알 수 있는 것은 절약이 모든 변화의 근본이다.[48]

---

45) "儉爲五常之本, 五常爲儉之末." 《化書》,〈食化〉'鵁鶄'편, 70쪽.
46) "生財有大道, 生之者衆, 食之者寡, 爲之者疾, 用之者舒, 則財恒足矣." 《大學》 전10장.
47) "我有三寶, 持而保之, 一曰慈, 二曰儉, 三曰不敢爲天下先." 《道德經》 67장.
48) "儉於聽可以養虛, 儉於視可以養神, 儉於言可以養氣, 儉於私可以護富,

군주가 절약하면 신하가 만족할 줄 알고, 신하가 절약하면 사대부가 만족할 줄 알고, 사대부가 절약하면 백성이 만족할 줄 알며, 백성이 절약하면 천하가 만족할 줄 안다. 천하가 만족 할 줄 알면 재물을 탐하는 사람이 없어지고, 명예를 쟁탈하는 사람이 없어지고, 간사하고 좀스러운 사람이 없어지고, 기만하는 사람이 없어지며, 아첨하는 사람이 없어진다. 그러므로 예의가 자연스럽게 나타나고, 행정이 자연스럽게 안정되고, 참호가 자연스럽게 메워지고, 전쟁이 자연스럽게 멈추고, 떠돌아다니는 사람들이 자연스럽게 농사지으며, 그리하여 삼황시대의 풍조가 성행하게 된다.[49]

이 문장에서 알 수 있듯이 담초의 생각은 절약에서 나눔, 나눔에서 태평성세로 펼쳐진다. 태평성세가 자신이 추구하는 가장 큰 이상이라면 나눔은 이상을 실현할 수 있는 방법이며, 절약은 나눔을 통해 이상으로 나아가는 길이다. 그러므로 모든 변화는 절약에서 비롯된다. 절약을 하면 혼란한 사회를 바로잡기 위해 형법을 강화할 필요도 없고 인의를 설교할 필요도 없으며, 국가의 안위를 위해 천지와 선조에 제사를 지낼 필요도 없고 길흉을

儉於公可以保貴, 儉於門闥可以無盜賊, 儉於環衛可以無叛亂, 儉於職官可以無姦佞, 儉於嬪嬙可以保壽命, 儉於心可以出生死, 是知儉可以爲萬化之柄." ≪化書≫, 〈儉化〉 '化柄'편, 66쪽.

49) "君儉則臣知足, 臣儉則士知足, 士儉則民知足, 民儉則天下知足. 天下知足, 所以無貪財, 無競名, 無姦蠹, 無欺罔, 無矯佞. 是故禮義自生, 刑政自寧, 溝壘自平, 甲兵自停, 游蕩自耕, 所以三皇之化行." ≪化書≫, 〈儉化〉 '三皇'편, 68쪽.

점칠 필요도 없다.

절약은 개인의 차원에서 보면 태허·원신·원기를 길러 장생을 실현할 수 있고, 자신의 생명을 온전하게 지킬 수 있으며, 또한 도덕적인 인간이 될 수 있는 방법이다. 사회적인 차원에서 보면 굶주리는 사람이 없어지고, 반란이 없어지고, 윤리도덕이 확립되고, 요·순·우임금 시대와 같은 태평시대를 열어 모든 사람이 어울려 살 수 있는 화합사회를 건설할 수 있는 방법이다. 그러므로 담초는 계속해서 절약의 중요성을 강조한다. "절약할 수 있는 자가 백성을 다스릴 수 있다."[50] "오직 절약해야만 특별함을 알 수 있다."[51] "무릇 절약하는 사람이 벼슬아치의 스승이 될 수 있다."[52] "언제나 절약하는 사람이 천하를 다스릴 수 있다."[53]

이처럼 절약을 강조하는 담초의 사상은 소비를 권장하는 현대사회에서 다소 시대에 뒤떨어져 보일 수 있다. 그러나 절약을 통해 나눔과 어울림을 생각한 담초의 사상은 시대의 거리를 뛰어넘는 중요한 의미를 지닌다. 사람은 누구나 살아갈 권리가 있다. 이러한 권리를 보호해주는 것이 나눔이며, 나눔을 실천하는

---

50) "能至於儉者, 可以與民爲權衡." ≪化書≫, 〈儉化〉 '權衡'편, 62쪽.
51) "夫惟儉, 所以能知非常." ≪化書≫, 〈儉化〉 '禮道'편, 62쪽.
52) "夫儉者, 可以爲大人之師." ≪化書≫, 〈儉化〉 '乳童'편, 66쪽.
53) "能終其儉者, 可以爲天下之牧." ≪化書≫, 〈儉化〉 '天牧'편, 68쪽.

것이 절약이다. 나눔과 절약은 사람의 생명을 가장 보편적으로 존중하는 것이며54) 사람에 대한 관심, 이해, 배려, 사랑의 의미를 포괄적으로 담고 있다. 그러므로 사람이 추구해야할 가장 높은 가치이자 미덕이며, 단지 관념 속에 머물러 있는 원칙이 아니라 반드시 실천해야할 개인적, 사회적 윤리덕목이다.

4. 담초가 추구한 이상사회

사람은 누구나 행복하게 살기를 희망한다. 그러나 행복에 대한 사람들의 눈높이는 늘 달라진다. 배고픈 사람은 푸성귀를 먹어도 행복하다. 늘 푸성귀를 먹는 사람은 고기를 먹으면 행복할 것이라 생각한다. 늘 산해진미를 먹는 사람은 몸에 더 좋은 것이 없을까 고민한다. 우리는 끝없는 욕망으로 인해 항상 최대치의 행복을 추구하고 최대치의 쾌락을 추구한다. 만약 우리가 생각하는 이상적인 사회가 최대치의 행복, 최대치의 쾌락을 추구할 수 있는 사회라면 이런 사회는 근본적으로 이룩할 수 없다. 우리는 눈높이를 행복할 수 있는 최대치가 아니라 최소치에 맞추어야 한다.

우리에게 가장 중요한 것은 삶의 문제이며, 현실적으로 필요

---

54) 汪志斌, 〈'化書'的'社會和諧'思想芻議〉, ≪宗敎學硏究≫ 01기, 2006年, 138쪽 참고.

한 것은 기본적인 생계를 유지하는 것이다. 본질적으로 보면 우리가 행복할 수 있는 최소 조건은 삶에 필요한 가장 기본적인 요소를 충족하며 살아가는 것이다. 그러므로 이상적인 사회는 모든 사람이 살기위해 필요한 가장 기본적인 조건들을 누리며 살 수 있는 사회이다. 담초는 이러한 사회를 '태화太和'의 사회라고 한다. ≪화서≫, 〈인화〉 '루의'편에 담초가 상상하는 '태화'사회의 모습이 잘 나타난다.

> 땅강아지와 개미도 군주가 있다. 그들의 군주는 한주먹 크기의 궁전이라도 모두와 함께 지내고, 하나의 작은 누각이라도 모두와 함께 올라가며, 한 알의 곡식이라도 모두와 함께 저장하며, 한 덩이의 고기라도 모두와 함께 맛을 보며, 하나의 죄가 의심되면 모두와 함께 처벌한다. 마음이 통한 후에 정신이 통하고, 정신이 통한 후에 원기가 통하며, 원기가 통한 후에 형체가 통한다. 내가 아프면 모두가 아프고 내가 고통스러우면 모두가 고통스러운데 원한이 어찌 생겨나며 반란이 어찌 일어나겠는가? 이것은 모두 태고시대의 교화이다.[55]

담초가 상상하는 사회에서는 생존을 둘러싼 갈등이 없고 먹고 입는 것을 걱정하지 않는다. 가깝고 먼 구분이 없고 사랑하고

---

55) "螻蟻之有君也, 一拳之宮, 與衆處之, 一塊之臺, 與衆臨之, 一粒之食, 與衆蓄之, 一蟲之肉, 與衆咂之, 一罪之疑, 與衆戮之. 故得心相通而後神相通. 神相通而後氣相通, 氣相通而後形相通. 故我病則衆病, 我痛則衆痛, 怨何由起, 叛何由始? 斯太古之化也." ≪化書≫, 〈仁化〉 '螻蟻'편, 47쪽.

미워하는 구분이 없으며, 계급의 차이와 신분의 차별이 없다. 모든 사람이 하나 되어 괴로움과 즐거움을 함께한다. 함께 노동하고 함께 누리며 같은 권리와 의무를 지닌다. 그러므로 관리와 통제가 필요 없다. 담초는 이런 사회를 간단하게 '한 알의 곡식이라도 모두와 함께 저장하며 한 덩이의 고기라도 모두와 함께 맛을 보는' 사회라고 정의한다.

절약과 나눔은 이러한 사회로 돌아갈 수 있는 근본적인 방법이다. 전체 사회가 절약을 숭상하고 나눔을 실천하면 사람들은 모두 먹을 수 있고 입을 수 있다. 사람들의 생활이 안정되면 '인의'와 '예악'이 저절로 일어나고, 사회 질서가 바로 서게 되며, 사람들은 서로 화목하게 지내게 된다. 사람들이 화목하게 지내면 자연스럽게 어울림이 실현되는 태화의 사회에 도달하게 된다.

왕지빈은 "루의장 마지막에 나오는 '태화'의 사회는 노자가 구상한 '소국과민'의 이상사회를 연상하게 한다."[56]라고 말했다. 그러나 담초가 추구한 이상사회는 노자가 구상한 이상사회와 분명한 차이가 있다. 풍영강은 "담초가 말하는 '먹을거리'의 개념은 간단하게 말하면 음식이지만 진일보해서 말하면 사람이 살아가는데 기본적으로 필요한 물질적 재부, 심지어 정신적 재부의

---

56) 汪志斌, 〈'化書'的'社會和諧'思想芻議〉, 《宗敎學硏究》 01기, 2006년, 136~137쪽.

범위까지 포함한다."[57]라고 말했다. 이 말은 '먹을거리'는 단지 허기를 달래는 음식이 아니라 우리가 살아가는데 기본적으로 필요한 것을 의미한다는 것이다. 그러므로 나눔은 단지 먹을거리를 나누는 것이 아니라 사람이 살기위해 필요한 최소한의 조건을 마련해주는 것이다. 이는 오늘날 우리가 말하는 복지와 유사한 의미를 지닌다. 만약 노자가 추구한 사회가 한가하고 순박하며 자급자족하는 원시공동체적 사회라면, 담초가 꿈꾼 사회는 살기위해 필요한 기본적인 것을 누릴 수 있는 사회, 절약과 나눔을 통해 어울림을 실현하는 복지사회이다.

담초는 당 말의 혼란한 시대를 살면서 한편으로 지배계층의 부정과 부패, 백성에 대한 억압과 착취가 광범위하게 이루어지는 것을 보았고, 인의와 같은 윤리 관념과 형법과 같은 나라를 다스리는 기술은 지배계층의 이익을 위한 도구가 된 것을 보았으며, 종교가 성행하고 상공업이 발전했지만 백성의 삶과 거리가 있는 것을 보았다. 다른 한편으로 생명조차 지키기 힘든 사회에서 먹고살기 위해 발버둥 치는 사람의 모습을 보았으며, 어쩔수 없이 벌레보다 못한 인간이 되어가는 사람의 모습을 보았다.

이러한 시대를 살았던 담초가 관심을 보인 부분은 사람의 '생

---

57) 馮永剛, 〈論譚峭'化書'的治國思想〉, ≪宗敎學硏究≫ 02기, 2006년, 150쪽.

명'이었다. 그는 생명은 삶의 원천일 뿐만 아니라 인간사회가 변화·발전하는 내재적 근거라 생각했으며, 생명을 지키는 것은 단지 삶을 보장하는 의미만 있는 것이 아니라 혼란한 사회를 바로잡을 수 있는 방법이라 생각했다. 그렇기 때문에 담초는 생명의 관점에서 인간사회의 내재적 모순을 탐구했으며, '먹을거리'의 현실적 가치, '절약'과 '나눔'의 도덕적 윤리적 가치를 중시하고, 이를 통해 화합사회로 나아갈 수 있는 길을 제시했다.

지금은 담초가 살았던 시대에서 천여 년의 시간이 흘렀다. 과학이 발전하고 기술이 진보함으로 인해 인간의 생존조건이 과거에 비해 상당히 좋아졌다. 그러나 그 속을 들여다보면 사회 환경이나 개인의 삶은 크게 나아지지 않았다. 윤리 도덕을 강조하지만 돈이 모든 가치의 척도가 되고 결과지상주의가 판치는 사회에서 윤리 도덕은 단지 관념 속에 머물러 있는 가치로 전락하고 있다. 종교가 성행하지만 종교는 국민의 신음소리에 귀를 기울이는 것이 아니라 종단이나 종파의 이익을 위해 움직이며 교세의 확장에 혈안이 되어 있다. 경제가 발전했지만 부의 독점현상이 나타나고 있으며 수많은 사람이 기본적인 생계조차 꾸리기 힘든 삶을 살고 있다. 사람들은 적자생존의 법칙이 존재하는 무한경쟁 사회에서 살기위해 발버둥치고 있으며, 생존경쟁에 적응하지 못한 수많은 사람이 행복을 이야기하기 전에 기본적인 생계조차 유지하기 힘든 삶을 살고 있다. 수많은 가정이 이혼하고 수많은 사람이 자살하고 있다. 이러한 우리 사회의 모습은 당 말기 사회의 모습과 어떤 차이가 있을까? 우리가 백성의 신음소리에 귀를 기울이고 생명의 가치, 먹을거리의 가치, 절약과 나눔의 가치를 중시한 담초의 사상에 주목해야하는 이유가 바로 여기에 있다.

삶의 가치를 높이는 최우선 조건은 개개인이 누려야할 최소한의 생활조건을 마련해주는 것이다. 이러한 조건을 마련해 주는 것은 사회 구성원간의 갈등을 해소하고 화합사회를 건설할 수 있는 가장 근본적인 방법이다. 이러한 부분에 대한 충분한 성찰 없이 여전히 경제적 부를 최고의 가치로 생각한다면 우리의 삶은 더욱더 각박해지고 사회구성원 간의 갈등은 더욱더 심해질 것이다. 사람들은 수단과 방법을 가리지 않고 권력, 재부, 기득권을 차지하려 하고, 온갖 편법과 술수를 동원해 경제적 부를 창출하려 할 것이다. 이로 인해 수많은 사람이 극도의 상실감을 느끼게 될 것이며, 사회적 갈등은 더욱더 심각해질 것이다.

그럼에도 불구하고 우리 사회에서는 여전히 경제적 가치가 기타방면의 가치를 억압하고 있으며, 사회는 균형을 잃어가고 인생은 평형을 잃어가고 있다. 우리는 현대사회에서 나타나는 갖가지 문제의 근원이 어디에 있는지 생각하지 않고 끊임없이 경제적 가치창출이라는 하나의 목표를 향해 달려가고 있다. 이러한 상황에서 담초의 생명사상에 주목하는 것은 매우 큰 의미가 있다. 서로 밀쳐내고 배척하는 사회가 아니라 서로 기대고 의지하는 사회, 서로 독점하고 다투는 사회가 아니라 서로 나누고 즐거워하는 사회, 돈이 최고의 가치가 되는 사회가 아니라 관심, 이해, 배려, 사양, 청렴이 최고의 가치가 되는 사회, 그 누구도 외롭지 않는 조화로운 사회는 어쩌면 담초의 생각처럼 사람이 살아가는데 필요한 기본적인 것을 보장하는 사회, 절약과 나눔을 통해 복지를 이룩하는 사회에서 그 가능성을 찾을 수 있을지도 모른다.

> * 이 문장은 2015년 8월 동양철학연구회 논문집 ≪동양철학연구≫ 제83집에 발표한 논문 ≪담초생명사상의 현대적 가치≫를 편집해서 수록한 것임을 밝혀둔다.

번역을 마치며

2006년 중국을 떠나기 전 마지막으로 서점에 들렀다. 한국에 돌아가면 중국책을 구하기 어렵기에 필요한 책이 없을까 이리저리 살피고 있었다. 그때 책 한권이 눈에 들어왔다. 그동안 들어본 적이 없는 ≪화서≫라는 아주 얇은 도교경전이었다. 중국철학이나 사상에 관한 새로운 책을 보면 내용을 보지도 않고 사는 나쁜 습관 때문에 이 책 또한 책꽂이에 꽂히는 신세가 되었다.

한국에서 생활한지 2년 정도 지났을까. 화장실 갈일이 있어 급히 책꽂이를 둘러보았다. 그때 기억에서 지워진 ≪화서≫가 구석 한 모퉁이에서 나를 바라보고 있었다. 마치 "저를 한번 봐주세요."라고 속삭이는 것 같았다. 아무 생각 없이 이 책을 뽑아들고 화장실로 달려갔다.

화장실에서 처음부터 대충 훑어보았다. 한편씩 나누어진 짧은 문장이었지만 무척 이해하기 어려웠다. 애초에 깨달음의 경지에 이른 도사의 글을 이해하는 것 자체가 무리였을 지도 모른다. 그러나 마지막 부분인 〈식화〉편과 〈검화〉편을 보면서 "아~, 어쩌면 이것일 수도 있겠구나."라는 생각이 들었다. 삶이란 무엇일까? 그리 길지 않은 인생에서 우리는 무엇을 위해 살아갈까? 담초의 대답은 매우 간단하면서도 분명했다.

> 하루를 먹지 않으면 피로하고, 이틀을 먹지 않으면 병이 나며, 삼일을 먹지 않으면 사망한다. 백성의 일 가운데 음식보다 절박한 것은 없다.

≪화서≫는 당 말 오대시기의 도사 담초가 쓴 책이다. 공자가 살았던 춘추시대만큼 혼란한 시대를 살았던 담초는 매우 독특한 시각으로 인간과 사회를 이해했다. 그는 '생명'의 관점에서 출발해 사회가 발전하는 이유와 혼란해지는 이유를 모두 먹고사는 문제에서 찾고 있었다. "백성의 일중에 음식보다 절박한 것은 없다."라는 담초의 말처럼 우리는 모두 먹고살기 위해 절박하게 살아가고 있지 않은가? 어쩌면 인간사회의 흥망성쇠는 모두 먹고사는 문제를 둘러싸고 이루어질지도 모른다.

나는 그때부터 ≪화서≫를 이해하기 위해 조금씩 번역하기 시작했다. ≪화서≫는 중국에서도 지금까지 현대어로 번역되지 않았다. 그렇기 때문에 오직 원문을 보면서 번역할 수밖에 없었다. 옛날 사람이 만들어 놓은 암호를 푸는 것처럼 하나하나 번역하면서 1차 번역을 마쳤다. 그 후 다시 내용을 이해하고 원문과 대조하면서 문장을 다듬고 필요한 부분은 의역했다.

2차 번역을 마친 이후 독서모임을 통해 잘못된 번역을 바로잡았다. 마침 나는 '들뢰즈'라는 독서모임에 참가하고 있었다. '들뢰즈'는 안동대학교 민속학과 김재호 선생님, 안동대학교 교육개발원 한경희 선생님, 경북 독립기념관 강윤정 실장님과 함께 들뢰즈가 쓴 ≪천개의 고원≫을 읽으면서 만든 독서모임이다. 우리는 그 책을 다 읽은 이후 다른 책을 읽고 느낀 점을 발표했다. 그 모임에서 내가 번역한 ≪화서≫를 강독하는 시간을 가졌다. 선생님들은 어색한 번역문을 바로잡아 주셨고 문장을 다듬어 주셨다.

이렇게 번역을 했지만 여전히 마음에 들만큼 우리말로 옮기지 못했다. 도교경전에 익숙하지 않았기 때문에 ≪화서≫나오는 수많은 용어를 우리말로 옮기는 것이 여간 까다로운 일이 아니었다. 그래서 많은 부분은 의역을 했고 이해하기 어려운 용어는 고수님의 조언을 기대하며 번역하지 않고 그대로 두었다. 한동안 번역문을 방치해 두었지만 ≪화서≫를 소개하는데 가장 큰 의의를 두면서 용기를 내어 출판할까 생각한다.

성인이 가고자 했던 길은 모두 한 길이었던 것 같다. 공자가 꿈꾸었던 대동의 세상이나 담초가 꿈꾸었던 태화의 세상은 여러모로 닮은 점이 있다. 사람의 생명을 중시하고 사람의 생명을 가장 귀하게 여기는 사회, 이러한 사회에서 서로 이해하고 배려

하고 보듬으며 함께 나아가는 삶이 큰 어울림이며, 큰 어울림을
실현하는 사회가 공자가 추구한 대동의 세상이고 담초가 추구한
태화의 세상이다. 이 번역어가 세상에 나와 우리가 살고 있는
사회를 진지하게 고민할 수 있는 계기가 될 수 있기를 기대하며,
나아가 담초가 꿈꾸었던 모두가 어울려 살 수 있는 사회가 어느
정도 실현될 수 있기를 희망한다.

2016년 3월 1일 안동에서

참고문헌

• ≪화서≫의 이론 체계

老子, ≪道德經≫.

(五代)沈汾, 〈續仙傳〉, ≪四庫全書≫, 子部.

譚峭撰, 丁禎彦, 李似珍 点校, ≪化書≫, 北京, 中華書局, 1996.

卿希泰, 唐大潮, ≪道敎史≫, 江蘇人民出版社, 2006.

王明, ≪抱朴子内篇校釋≫, 北京, 中華書局, 1985.

조셉 니담 저, 이석호 등 역, ≪中國의 科學과 文明≫ Ⅰ권, 을유문화사, 1989.

손인순 저, ≪정조이산 어록≫, 포럼, 2008.

高令印, 陳其芳, 〈譚峭再唐宋哲學發展中的地位〉, ≪福建論壇(文史哲版)≫ 04기, 1984.

陣名實, 王炳庆, 〈譚峭及基'化書'的和諧社會理想〉, ≪泉州師範學院學報≫ 01기, 2006

罗耀九, 〈譚峭'化書'談怎样处理人际關係〉, ≪福建論壇(文史哲版)≫ 05기, 1997.

李承模, 〈담초譚峭 생명사상의 현대적 가치〉, ≪東洋哲學研究≫ 第83輯, 2015.

丁禎彦, 〈譚峭'化書'的社會政治思想和哲學思想〉, ≪中国哲學史≫ 03기, 1993.

黃世瑞, 〈譚峭與他的'化書'〉, ≪自然雜誌≫ 03기, 1991.

王竹波, 〈譚峭及基'化書'初探〉, ≪理論界≫ 02기, 2008.

林胜利, 〈紫霄真人譚峭考略〉, ≪中國道教≫ 03기, 1989.

• 담초의 생명사상

≪大學≫, ≪孟子≫, ≪道德經≫, ≪莊子≫.

(五代)沈汾, 〈續仙傳〉, ≪四庫全書≫, 子部.

譚峭撰, 丁禎彦, 李似珍 点校, ≪化書≫, 北京, 中華書局, 1996.

王明 編, ≪太平經合校≫, 北京, 中華書局, 1960.

葛洪 저, 張泳暢 편역, ≪포박자≫, 자유문고, 1989.

김경수, ≪노자 생명사상의 현대적 담론≫, 문사철, 2010.

한국도교사상연구회, ≪도교와 생명사상≫, 국학자료원, 1998.

丁禎彦, 〈譚峭'化書'的社會政治思想和哲學思想〉, ≪中国哲學史≫ 03기, 1993.

罗耀九, 〈譚峭'化書'談怎样处理人际關係〉, ≪福建論壇≫ 05기, 1997.

汪志斌, 〈'化書'的'社會和諧'思想芻議〉, ≪宗敎學硏究≫ 01기, 2006.

馮永剛, 〈論譚峭'化書'的治國思想」〉, ≪宗教學硏究≫ 02기, 2006.

劉永海, 〈淺議'化書'中'一切皆化'的思想〉, ≪唐山師範學院學報≫ 04기, 2001.

詹石窗, 〈道敎生命倫理與現代社會〉, ≪中国哲學史≫ 02기, 2003.

林勝利, 〈紫霄真人譚峭考略〉, ≪中國道教≫ 03기, 1989.

찾아보기

■ 가

• 담초 譚峭

담초 譚峭

당唐 말 오대五代시기의 도교사상가이다. 그가 쓴 유일한 저서로 ≪화서化書≫ 한 권이 전해지고 있다. 이 책은 당 말기의 도교사상을 이해할 수 있는 매우 중요한 자료이다.

• 이승모 李承模

안동대학교 동양철학과를 졸업하고 중국 남경대학교 철학과 대학원(박사과정)을 졸업했다. 현재 안동대학교 동양철학과에서 강의하고 있으며, 안동대학교 공자학원 한중유교문화연구센터 전임연구원으로 활동하고 있다.

화서化書

초판 인쇄 2016년 9월 13일
초판 발행 2016년 9월 27일

저　　자 | 담 초 譚峭
역　　자 | 이 승 모 李承模
펴 낸 이 | 하 운 근
펴 낸 곳 | 學古房

주　　소 | 경기도 고양시 덕양구 통일로 140 삼송테크노밸리 A동 B224
전　　화 | (02)353-9908　편집부(02)356-9903
팩　　스 | (02)6959-8234
홈페이지 | http://hakgobang.co.kr
전자우편 | hakgobang@naver.com,　hakgobang@chol.com
등록번호 | 제311-1994-000001호

ISBN　　978-89-6071-612-4　94150
　　　　978-89-6071-591-2　(세트)

값 : 13,000원

이 도서의 국립중앙도서관 출판예정도서목록(CIP)은 서지정보유통지원시스템 홈페이지(http://seoji.
nl.go.kr)와 국가자료공동목록시스템(http://www.nl.go.kr/kolisnet)에서 이용하실 수 있습니다.(CIP
제어번호: CIP2016022051)